国家社会科学基金项目资助(23BTY032)

双人体能训练理论与方法

孙世超 刘 征 周俊伟 吴光学 著

SHUANGREN
TINENG
XUNLIAN
LILUN
YU
FANGFA

吉林大学出版社
·长春·

图书在版编目(CIP)数据

双人体能训练理论与方法 / 孙世超等著. -- 长春：吉林大学出版社, 2025. 5. -- ISBN 978-7-5768-5081-9

Ⅰ. G808.14

中国国家版本馆CIP数据核字第2025TY0432号

书　　名：双人体能训练理论与方法

SHUANGREN TINENG XUNLIAN LILUN YU FANGFA

作　　者：孙世超　刘征　周俊伟　吴光学
策划编辑：殷丽爽
责任编辑：殷丽爽
责任校对：安　萌
装帧设计：雅硕图文
出版发行：吉林大学出版社
社　　址：长春市人民大街4059号
邮政编码：130021
发行电话：0431-89580036/58
网　　址：http://press.jlu.edu.cn
电子邮箱：jldxcbs@sina.com
印　　刷：三河市金兆印刷装订有限公司
开　　本：787mm×1092mm　　1/16
印　　张：17.5
字　　数：400千字
版　　次：2025年5月　第1版
印　　次：2025年5月　第1次
书　　号：ISBN 978-7-5768-5081-9
定　　价：78.00元

版权所有　翻印必究

作者简介

一、作者简介

1. 孙世超，男，汉族，1991年11月生，河南省平顶山人，毕业于吉林大学，硕士研究生学历，体育教育训练学专业（硕士学历专业）。现就职于空军航空大学，承担航空体育教学任务，研究方向为航空体育教学与训练。国家田径二级运动员，国家级越野滑雪裁判员，国家一级田径、篮球裁判员，国家一级社会体育指导员，公开发表论文15篇，主持或参与省级课题7项，主编著作1部，参编12部，成果获山东省社会科学奖三等奖1项，获航空大学练兵比武教学竞赛二等奖1项，多次参与国家级马拉松赛事执裁工作。

2. 刘征，男，汉族，河北唐山人，1990年2月生，毕业于北京体育大学，硕士研究生，运动训练专业，就职空军航空大学，研究方向航空体育教学与训练。国家二级网球运动员，参编著作5部，发表军内核心论文3篇，主持院级课题1项，参与完成空军级、校级课题5项。

3. 周俊伟，男，回族，1978年1月生，毕业于河南大学，硕士研究生学历，民族传统体育武术教学与训练方向，现就读于泰国玛哈沙拉坎大学文化哲学博士研究生。国家一级武术套路裁判员，国家一级散打裁判员，曾多次参与省级、国家级全国武术散打套路比赛裁判工作，公开发表论文5篇，参与省级课题2项，参编著作2部。

4. 吴光学，男，汉族，1994年11月生，黑龙江哈尔滨人，毕业于吉林大学，硕士研究生学历，运动训练专业。现就职于空军航空大学，承担航空体育教学任务，研究方向为航空体育教学与训练。曾获得国际田联少儿趣味田径指导员资格证，国家一级运动员，田径二级裁判，全国大学生田径锦标赛3000米障碍季军，吉林省大学生田径锦标赛800米记录，发表论文两篇，参加编著两本。

序

双人体能训练是主要依靠徒手完成的体能训练，或借助轻器械的训练方法与手段。双人训练具有以下突出优点：一是便捷性，双人训练不受场地器材的限制，具有便捷性，是一种可以居家进行训练的方式；二是重视身体功能训练，与器械训练相比，双人训练更重视身体功能性训练，完成屈伸、旋转、内收、外展、变向和跳跃等动作，增强身体灵活性、柔韧性、敏捷反应能力，进而提高身体功能；三是提高力量素质，例如俯卧撑、深蹲、弓箭步蹲、平板支撑等，更好地调动神经系统对肌肉的控制能力，能够提高力量和身体代谢水平；四是安全性，传统器械训练容易出现肌肉代偿、动作轨迹不正确，极易造成运动损伤，器械训练时身体承受大负荷力量训练，对关节和韧带更容易造成损伤，与传统器械训练相比，双人训练的模式是多关节的，身体参与肌肉较多，受伤风险较小，是典型的多肌肉群协同运动，能够避免造成快速疲劳，降低运动损伤的风险；五是趣味性，通过两人协同完成训练，可以有效提高参训者积极性，协调配合完成训练，提高集体荣誉感等。

本书由孙世超（空军航空大学）策划编写，主要完成第一、四章的编写工作，编写字数共13.5万字；刘征（空军航空大学）主要完成第五章和附录编写工作，编写字数共12万字；周俊伟（河南省平顶山市第二中学）主要完成第二、六章编写工作，编写字数共8万字；吴光学（空军航空大学）主要完成第三章的编写工作，编写字数共6.5万字。全书由孙世超统稿，曲阜师范大学董德朋教授、空军航空大学从福仲教授完成了主审工作，并提出修改意见。空军航空大学军士教员赵栋杰、李永祯对全书拍摄动作进行了指导。陈淏琛、杨万平完成了本书图片和视频的示范工作。

全书共205个训练动作，读者可以根据体能训练的需求，针对性选择不同部位训练动作，结合超量恢复原理，有针对性的设计训练动作，书的最后针对各个部位做了全面的训练计划安排，供读者参考。囿于作者水平能力学识，恳请读者批评指正，以便再版时提高质量。

特别感谢董德朋教授主持的国家社会科学基金项目（23BTY032）对本书出版的鼎力资助。为本书的顺利出版提供了关键保障，贡献卓著，特此致谢。

目录 CONTENTS

第一章 双人体能训练理论概述 ·········· 1

 第一节 双人训练的基础体育理论知识 ·········· 2

 第二节 双人运动训练计划的制订与实施 ·········· 13

 第三节 双人体能训练前的体能储备 ·········· 15

第二章 全身训练动作 ·········· 25

 第一节 初级全身训练动作 ·········· 26

 第二节 中级全身训练动作 ·········· 33

 第三节 高级全身训练动作 ·········· 44

第三章 上肢训练动作 ·········· 55

 第一节 初级上肢训练动作 ·········· 56

 第二节 中级上肢训练动作 ·········· 70

 第三节 高级上肢训练动作 ·········· 83

第四章 下肢训练动作 ·········· 101

 第一节 初级下肢训练动作 ·········· 102

 第二节 中级下肢训练动作 ·········· 127

 第三节 高级下肢训练动作 ·········· 144

第五章　核心训练动作 ······ 167

第一节　初级核心训练动作 ······ 168
第二节　中级核心训练动作 ······ 184
第三节　高级核心训练动作 ······ 205

第六章　双人放松拉伸 ······ 233

第一节　整理放松的概述 ······ 234
第二节　按摩放松 ······ 235
第三节　被动拉伸 ······ 238

参考文献 ······ 256

附　录 ······ 257

附录一：常用身体素质训练方法 ······ 258
附录二：周训练计划安排举例 ······ 266
附录三：全书动作名称索引 ······ 267

第一章

双人体能训练理论概述

第一节　双人训练的基础体育理论知识

体能训练不是传统意义上的力量训练、跑步训练等,而是应该建立在评估基础上,多学科知识融合而成的训练,包括体能评估、间歇训练、功能性训练、康复训练、动作训练、运动感知训练等。体能训练的综合性,如图1-1所示。

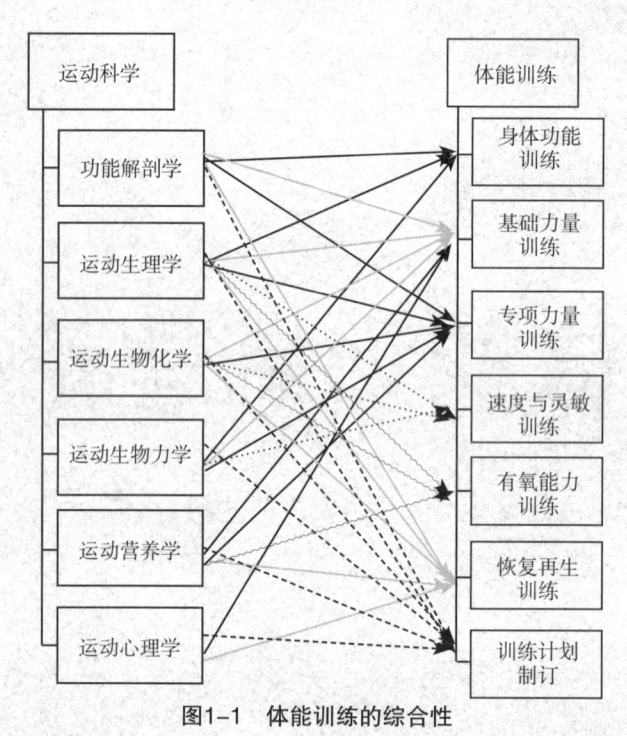

图1-1　体能训练的综合性

科学地开展体能训练,需要组训者不仅要具备专业的知识与技能,还要具备心理学、教育学等多个学科的融合知识。体能训练的多学科融合特性,如图1-2所示。

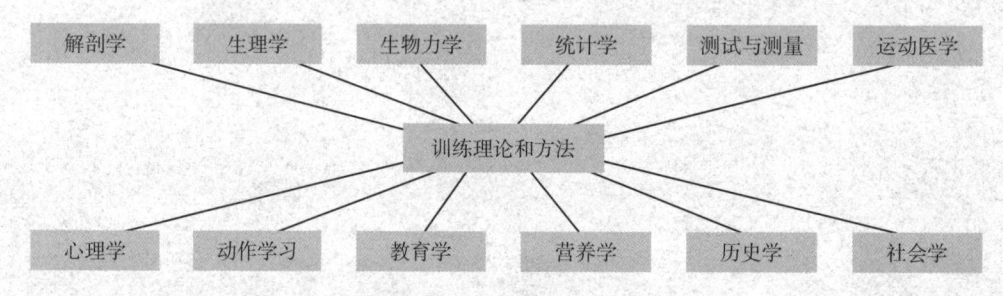

图1-2　体能训练的多学科融合特性

第一章 双人体能训练理论概述

因此，科学地认识体能，了解其概念、定义和特点，能够为科学开展运动训练打好基础。

一、体能的构成

运动训练的起点是对身体状态进行诊断，全面了解身体状态，有助于制订运动训练计划，保证训练的科学性，避免运动损伤。在诊断前，首先要了解的就是体能的构成（图1-3）。《运动训练学》一书定义运动成绩是由竞赛规则、个人的竞技能力和对手在比赛中的表现所决定的，其中，起决定性作用的就是竞技能力，竞技能力由体能、技能、战术能力、心理能力、运动智能构成，体能是基础性和决定性的因素。

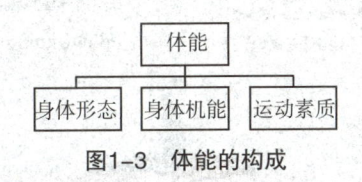

图1-3 体能的构成

谈及体能，体能究竟包括哪些因素？《运动训练学》给出如下定义：体能是运动员机体的基本活动能力，是由身体形态、身体机能和运动素质所组成。身体形态是指外部和内部的形态特征，外部由高度、长度、围度等组成，内部由肌肉的横切面积等组成。身体机能是指机体各器官系统的功能；我们重点要学习的就是运动素质，是指机体在活动时所表现出来的各种运动能力，包括速度、力量、耐力、灵敏柔韧等方面。了解了运动素质的构成，下一步我们就要发展人体的各项运动素质，我们应该先发展哪种运动素质？这就是运动训练的第一个规律，要符合体能的形成规律。

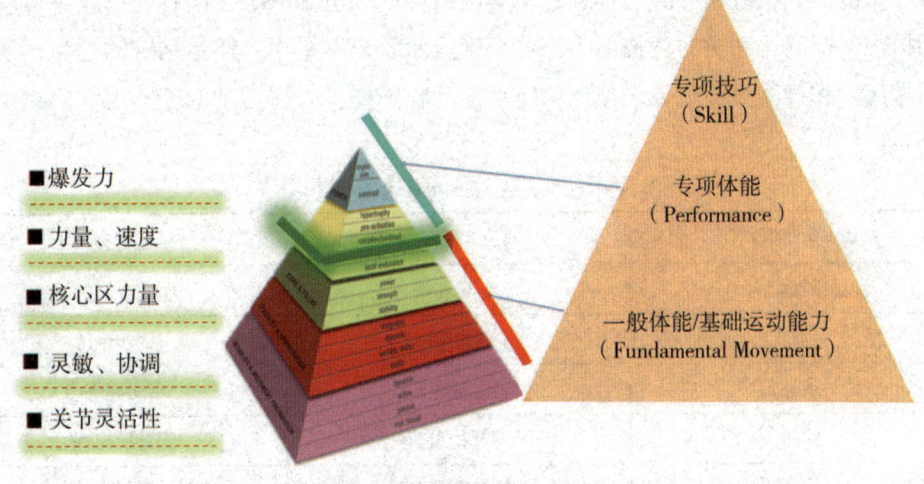

图1-4 体能训练的金字塔

体能训练的金字塔（图1-4）从下至上依次是基础运动能力、专项体能、专项技巧。也就是说，我们要先发展关节活动性、协调和灵敏、核心区力量等运动素质，在此基础上再重点发展爆发力、速度、力量等，最后发展专项技巧能力。根据人体发展不同阶段的身体素质发展规律，通常在6~9岁发展一般协调能力，在11~14发展专项协调能力，部分项目开始学习高难技术，在15~17岁发展一般运动素质，17岁开始发展专项运动素质和学习高难技术。

图1-5 FMS测试

最佳的体能结构就是功能动作质量高，即身体的灵活性和稳定性强，在此基础上发展专项力量，提高技战术水平。提到功能动作质量，有哪些测试能够了解到身体功能性是否存在障碍呢？FMS测试在一定程度上可以用来诊断和识别一个人的动作代偿和功能障碍（图1-5）。通过筛选一些动作模式来确认一个人的功能局限性和身体的不对称性。该测试通过7个基本动作检测人体运动的对称性、弱链以及局限性，对运动代偿进行跟踪测试，并通过相应的动作训练来解决身体的弱链和局限性问题，以减少运动员的运动损伤，提高运动员的竞技能力。这个筛查系统正是基于人体运动链的理念，通过找出动作代偿和身体失衡现象来找出人体功能动作障碍。人体运动的基本运动模式，如表1-1所示。

表1-1 人体运动的基本动作模式

基本运动模式	日常生活例子	运动健身例子
蹲起	坐下站立	负重下蹲练习
弓箭步	上楼梯	弓箭步走练习
步态	行走或跑步	节奏跑练习
体屈	弯腰捡东西	腰背提拉练习
体转	转身拿东西	上身斜拉练习

续表

基本运动模式	日常生活例子	运动健身例子
推撑	推门或撑起身体	俯卧撑练习
伸举	举放东西	头上举练习
提拉	提起包裹	壶铃胸前提拉练习
翻滚	床上翻身	胸部转动练习
爬行	攀爬楼梯或墙壁	动物爬行练习

如果身体功能性存在障碍，应该先完善身体功能性训练，减少肌肉代偿等运动损伤潜在风险，这又引出下一个概念，即功能性训练。提到身体功能，我们在生活中经常用到的，比如说坐下站立，上下楼梯，跑步等。这些训练能够改进人体基本动作模式，能够提高身体功能，满足我们在日常生活工作中的体能需求。

二、超量恢复

了解了运动功能的评估，接下来就是进行体育训练，但是，很多人训练了一段时间，成绩没有提高，反而出现了倒退，甚至出现疲劳，睡眠减少，食欲缺乏等问题。这时候我们就要探讨运动负荷的设定和恢复时间的安排。这就要引出非常重要的概念，即超量恢复（图1-6）。

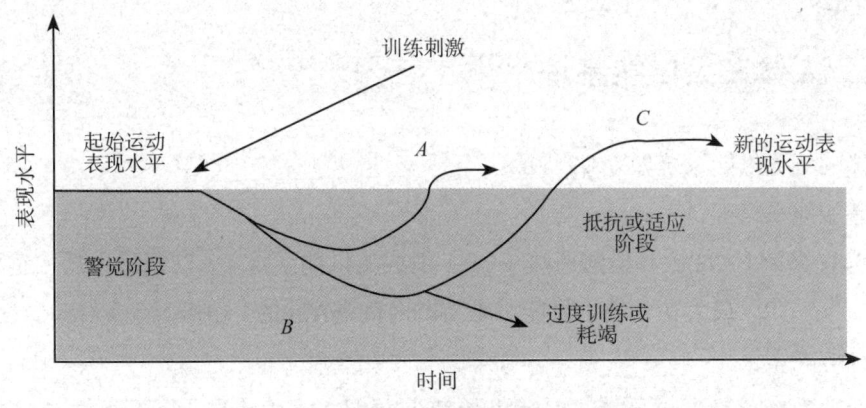

图1-6 超量恢复

超量恢复是指在一次大负荷之后的超量恢复阶段，给予机体再次负荷，可以使机体获得理想的训练成果。"超量恢复阶段"是指机体在一次大负荷之后，机体需要经48~72小时才能出现体能的超量恢复。经过一段时间的恢复，运动能力会超过原先的水平，在超量恢复阶段进行下一阶段的训练，则会波浪形提高运动素质，如果在疲劳期施加运动负荷，身体会累积疲劳，而且可能产生运动损伤。如果休息时间过长，原先的训练效果就不会得到持续提高，只能处于维持阶段。

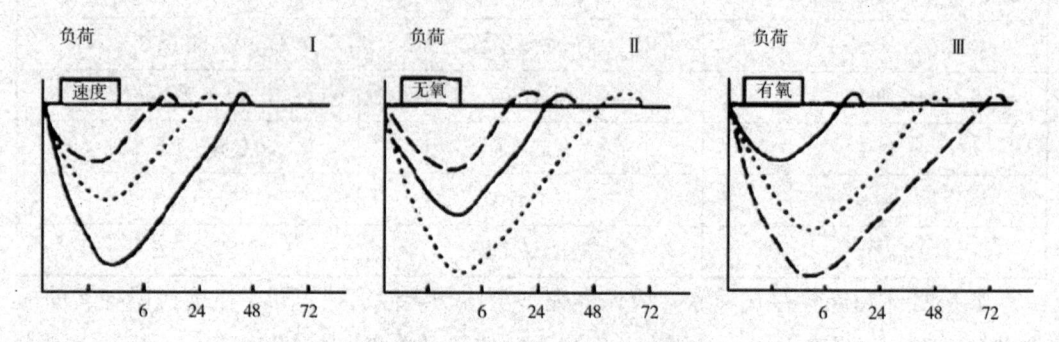

图1-7　不同代谢特点大负荷课，三个供能系统的恢复时间

人体三大供能系统为磷酸原系统、乳酸能系统和有氧氧化系统。在安排训练的时候，可以以图1-7提供的恢复时间信息为依据。参训者在完成速度负荷时，机体的磷酸原系统消耗最大，恢复最慢，乳酸能系统次之，有氧氧化系统消耗最少，恢复得也最快。无氧负荷时，乳酸能系统消耗最大，完成有氧负荷时，有氧氧化系统的负荷最大。很显然，参训者与三种供能系统相对应的三种能力，在负荷后恢复的过程是非同步的。与负荷的主要性质相对应的运动能力恢复得最慢，需要2～3天才能充分恢复。在2～3天后，当参训者与前一次主要负荷相对应的运动能力处于超量恢复阶段时，则可以再次安排同一性质的负荷。例如做完速度训练后，可以在12小时后进行有氧负荷，或者24小时后进行无氧糖酵解供能负荷。

三、人体三大供能系统

人体的三大供能系统如表1-2所示。

1. 磷酸原系统

三磷酸腺苷（ATP）和磷酸肌酸（CP）组成的供能系统。ATP以最大功率输出供能可维持约2s；CP以最大功率输出供能可维持的时间是ATP的3～5倍。

2. 乳酸能系统

乳酸能系统（糖酵解系统）是指糖原或葡萄糖在细胞质内无氧分解生成乳酸过程中，再合成ATP的能量系统。其最大供能速率或输出功率为29.3 $J \cdot kg^{-1} \cdot s^{-1}$，供能持续时间为33s左右，乳酸堆积至肌肉疲劳。

3. 有氧氧化系统

有氧氧化系统是指糖、脂肪和蛋白质在细胞内彻底氧化成水和二氧化碳的过程中，再合成ATP的能量系统。

表1-2　人体的三大供能系统

磷酸原系统	乳酸能系统	有氧氧化系统
无氧代谢	无氧代谢	有氧代谢
十分迅速	迅速	缓慢
最大强度8s	大强度1min	中低强度持久
高能化合物	糖	糖、脂肪、蛋白质
ATP生成量少	ATP生成有限	ATP生成很多
肌肉中储量少	乳酸致肌肉疲劳	无肌肉疲劳副产品

四、运动中人体机能变化规律

大家熟知的准备活动、基本部分及整理放松体现了在运动过程中人体的机能变化规律。包括赛前状态、进入工作状态、稳定状态、疲劳状态和恢复状态。赛前状态包括准备状态，是一种适宜的身体状态，而赛前热症则是过于兴奋，赛前冷症则是身体过于抑制，要克服赛前不良状态应调整好心理状态，做好准备活动。在训练的开始阶段，受训者各器官系统的工作能力不可能立刻达到最高水平，是在训练开始后一段时间内逐步提高的。所以，机体工作能力逐步提高的过程称为进入工作状态。进入工作状态所需时间取决于训练强度、训练性质、个人特点、训练水平和当时的机体功能状态。进行具有一定强度和持续时间的周期性训练时，如中长跑运动，在训练进行到某一段时程，出现一些难以忍受的生理反应，这种状态称为"极点"。"极点"出现后，坚持运动，不良生理反应会逐渐减轻或消失，动作变得轻松有力，呼吸变得均匀自如，这种状态称为"第二次呼吸"。在进入工作状态阶段结束后，人体的机能活动在一段时间内保持在一个较高的、变化范围不大的水平上，这种机能状态称为稳定状态。疲劳状态是指人体运动到一定时间后，就会出现工作能力暂时降低的疲劳状态。恢复状态是指运动训练产生的疲劳经过适当的休息，人体的各种机能和工作能力可以恢复到或在一定时间内稍高于训练前的水平，这一段机能变化称为恢复过程。

五、训练负荷的适应规律

训练负荷由训练量和训练强度两个因素构成。量和强度刺激所引起的人体反应是不同的，量刺激引起的反应比较缓和、不那么强烈，但产生的适应程度比较低。强度刺激所引起的反应比较强烈，能较快地提高机体各器官系统的应答水平，产生的适应性影响比较深刻。

1. 负荷量

负荷量是指一次训练课中有效练习总的时间、总的次数、总的距离、总的变量等，也称运动量。

2. 负荷强度

负荷强度是指练习时对机体刺激的程度。一般指单位时间内完成练习的数量或运动的距离。

3. 决定负荷量的主要因素

练习持续的时间或距离。时间长、距离远，运动量就大。练习的重复次数多，运动量大；相反，运动量小。

4. 决定负荷强度的主要因素

在定量负荷下，时间越短，强度越大；练习之间的间歇长，运动强度小；相反，运动强度大。

周运动计划的训练负荷，如图1-8所示。一次训练课的训练负荷，如图1-9所示。

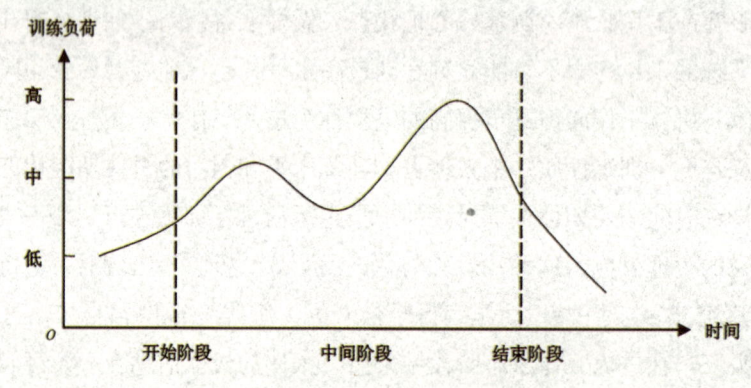

图1-8 周运动计划的训练负荷示意图

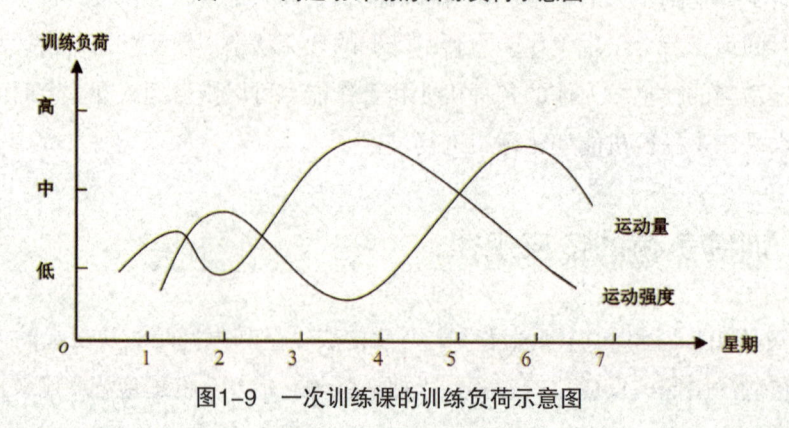

图1-9 一次训练课的训练负荷示意图

六、运动训练的基本原则

1. 循序渐进原则

循序渐进原则是指训练内容、训练方法和训练负荷的安排顺序，必须遵循受训者的认知规律与训练规律。

这一原则的把握：一是训练课目学习，先易后难、先简后繁；二是训练负荷安排，由小到大、由低到高。

2. 区别对待原则

区别对待原则是指训练要从受训者的实际出发，依据受训者的年龄特征和个体差异，有的放矢地进行。

这一原则的把握：区别对待，分类指导。

3. 适宜负荷原则

适宜负荷原则是指合理安排训练的负荷量和强度，注重训练中练习与间歇的合理交替，及时消除疲劳，促进训练适应。

这一原则的把握：一次训练课不能既上量又上强度。大运动量时应中小强度，大强度时则中小运动量。

4. 确保安全原则

确保安全原则是指训练应遵循科学训练的基本要求，选择合理的训练方法和手段，科学安排训练计划，以预防和避免训练过程中出现的训练伤和器材安全性事故。

这一原则的把握：主动防护。

七、运动训练的基本方法

运动训练方法是为了实现军事体育训练目的，完成运动训练任务所采取的途径、手段和方式。

根据能量代谢供能性质，按照运动强度由小到大，可将训练逐步分为有氧低强度训练、有氧中等强度训练、无氧阈训练、最大摄氧量训练、耐乳酸训练、最大乳酸训练、速度训练和比赛。下面，按照运动训练方法基本分类，来逐步展开讨论无氧阈的训练方法。

1. 重复训练法

重复训练法是指多次重复同一练习，两次练习之间安排相对充分休息时间的练习方法。构成重复训练法的主要因素有：单次练习的负荷量、负荷强度及每两次练习之间的休息时间。休息的方式通常采用静止、肌肉按摩或散步。

表1-3 重复训练法基本类型及其特点

要素	类型		
	短时间重复训练	中时间重复训练	长时间重复训练法
负荷时间	<30s	30s～2min	2～5min
负荷强度	最大	次大	较大
心率指标	运动后心率>180次/分	运动后心率>180次/分	—
血乳酸	<4mmol/L	>15mmol/L（个体差异较大）	
间歇时间	相对充分	相对充分	相对充分
间歇方式	走步、按摩	走、坐、按摩	走、坐、卧、按摩
训练代谢类型	无氧低乳酸训练	较大乳酸训练	耐乳酸训练
供能形式	磷酸原代谢系统为主供能	糖酵解为主的混合供能	无氧有氧比例均衡的混合代谢供能

重复训练法的基本类型及其特点如表1-3所示。本书主要讨论中时间和长时间重复训练方法。

（1）中时间重复训练

中时间重复训练的能量代谢系统主要是乳酸能系统，间歇时间应当充分；间歇方式应采用走、坐以及按摩的方式，以便能尽快消除体内乳酸。该训练法可有效提高运动员乳酸能系统的储能和供能能力以及在乳酸能供能为主条件下的速度耐力和力量耐力，技能主导类运动项目中各运动技术衔接与串联的熟练性、规范性、稳定性以及机体的抗酸能力。

（2）长时间重复训练

长时间重复训练法的应用特点：一次练习过程的负荷时间更长，通常在120～300s之间，无氧和有氧混合供能性质明显，一次练习完毕后，间歇时间应当十分充分。该训练法可有效提高运动员的无氧有氧混合代谢能力、无氧有氧混合代谢供能状态下的速度和力量耐力以及各种技术应用的熟练性和耐久性。

2.间歇训练法

间歇训练法是对动作结构和负荷强度、间歇时间提出严格的要求，以使机体处于不完全恢复状态下，反复进行练习的训练方法。

通过严格的间歇训练过程，运动员的心脏功能可以得到明显的增强；通过调节运动负荷的强度，机体各机能可以产生与有关运动项目相匹配的适应性变化；通过不同类型的间歇训练，乳酸能系统的供能能力、磷酸原与乳酸能混合功能代谢系统的供能能力、乳酸能系统与有氧氧化系统的混合供能能力、有氧氧化功能能力等可以有效提高；严格控制间歇时间有利于运动员在激烈对抗和复杂困难的比赛环境中，稳定、巩固技术动作；通过较高负荷心率的刺激，机体的耐酸能力可以得到提高，确保运动员在保持较高运动强度的情况下具有持续运动的能力。

间歇训练法的基本类型有高强性间歇训练、强化性间歇训练、发展性间歇训练，如表1-4所示。

表1-4 间歇训练法基本类型及其特点

要素	类型			
^	高强性间歇训练	强化性间歇训练		发展性间歇训练
^	^	A型	B型	^
负荷时间	<40s	40~90s	90~180s	>300s
负荷强度	大	大	较大	104%乳酸阈强度
心率指标	190次/分	180次/分	170次/分	160次/分
血乳酸	>15mmol/L（个体差异较大）	10~12mmol/L（优秀运动员）	10~12mmol/L（优秀运动员）	4~8mmol/L
间歇时间	很不充分	不充分	不充分	不充分
间歇方式	走、轻跑	走、轻跑	走、轻跑	走、轻跑
训练代谢类型	最大乳酸训练	耐乳酸训练		耐乳酸训练
供能形式	糖酵解为主的混合代谢供能	糖酵解为主的供能均衡的混合代谢供能		有氧氧化为主的混合代谢供能
作用	由最大速率的糖酵解供能，数次后乳酸积累到最高水平。赛前强化阶段使用，提高运动员肌肉消除乳酸的能力。	以较高血乳酸水平，维持长时间运动，使各器官组织提升在高乳酸环境下工作能力，提高速度耐力		提高摄氧量和氧输出能力及排除乳酸和耐乳酸能力

（1）高强性间歇训练

高强性间歇训练方法是发展乳酸能系统的供能能力、磷酸原与乳酸能混合代谢系统的供能能力的一种重要训练方法。该方法不仅适用于体能主导类速度性和耐力性运动项群的素质、技术的训练，同时适用于技战能主导类对抗性运动项群中的攻防技术或战术的练习。

其应用特点：一次练习的负荷时间较短（40s之内）；速度力量的负荷强度较大，心率负荷指标多在190次/分左右；间歇时间极不充分，以心率降至120次/分为开始下一次练习的确定依据；练习内容多为单个技术或组合技术；练习动作结构基本稳定；能量代谢系统主要启用磷酸原系统以及乳酸能系统。可有效地提高运动员ATP-CP系统与乳酸能系统的混合供能能力以及乳酸能供能能力，这两类系统供能条件下的速度耐力和力量耐力以及乳酸能供能状态下技战术运用的规范性、稳定性和熟练性。

（2）强化性间歇训练

强化性间歇训练是发展乳酸能系统与有氧氧化系统混合供能能力以及心脏供能的一种重要训练方法。强化性间歇训练方法对于体能主导类速度耐力或力量耐力运动项群意义十分重大。

其应用特点是：对于体能主导类运动项群来讲，一次练习的负荷时间略长于主项比赛时间（在40～90s或90～180s），速度负荷强度通常略低于主项比赛强度的10%～15%，心率负荷控制在每分钟180或170次左右即可，间歇时间以心率降至120次为开始下一次练习的确定依据，动作结构前后稳定。A型强化性间歇训练有利于提高负荷强度较高的运动技术、战术运用的熟练程度，有利于提高以乳酸能系统供能为主的供能能力以及该供能状态下的力量耐力素质；B型强化性间歇训练有利于提高负荷强度适中的运动技术、战术运用的熟练程度，有利于提高无氧与有氧混合代谢系统的供能能力以及此供能状态下的力量耐力素质。

（3）发展性间歇训练

发展性间歇训练是发展有氧氧化系统供能能力、有氧氧化下的运动强度以及心脏功能的一种重要训练方法。发展性间歇训练适用于需要较高耐力素质的运动项群的训练。

其应用特点：一次练习的符合时间较长，负荷时间至少应在5分钟以上，负荷强度控制在平均心率160次/分左右，间歇时间以心率降至120次为开始下一次练习的确定依据。在实际训练过程中，为了提高耐力水平，教练员通常将发展性、强化性间歇训练方法同持续训练方法结合应用，并根据负荷强度的分级标准进行训练。

3. 持续训练法

持续训练法是指负荷强度较低、负荷时间较长、无间断地连续进行练习的训练方法。持续训练法主要用于发展一般耐力素质。表1-5是持续训练法的基本类型和特点。

表1-5 持续训练法基本类型及其特点

要素	类型		
	中时间持续训练	较长时间持续训练	最长时间持续训练
负荷时间	10～30min	30～45min	>30min
心率指标	160次/分左右	150次/分左右	150次/分左右
血乳酸	4～8mmol/L	4mmol/L左右	<4mmol/L
动作结构	基本稳定	基本稳定	基本稳定
间歇时间	没有	没有	没有

续表

要素	类型		
	中时间持续训练	较长时间持续训练	最长时间持续训练
有氧强度	90%~102%乳酸阈强度	乳酸阈强度	低于乳酸阈强度10%~15%
代谢类型	耐乳酸训练	乳酸阈训练	最大稳态乳酸训练
供能形式	有氧氧化供能为主	有氧氧化供能	有氧氧化供能
作用	提高最大有氧能力	刺激运动肌乳酸生成和最大速率消除乳酸，提高工作肌保持乳酸产生与排除平衡	有氧氧化能力的最大负荷强度和量度的综合

第二节　双人运动训练计划的制订与实施

运动训练计划非常重要，可以说是直接决定了训练的成败，是教练员水平高低的直接体现，也是最复杂、最有精髓的一部分。

运动训练计划是对未来的训练过程预先作出的理论设计，是为实现训练目标而选择的状态转移通道。如何缩短时间，有效率地达到目标状态，是每一名参训者都需要思考的问题。运动训练计划的制订与实施过程是对参训者进行状态诊断，确定训练目标，根据运动训练客观规律，组织实施的客观条件，制订与实施训练计划。在实施过程中，一定要重视与参训者的沟通，记录训练数据，及时反馈，修改训练计划，达到训练目标。

运动训练计划的制订流程是状态诊断，确定训练目标，制订训练计划，实施训练计划，检查评定，实现预定目标。制订的依据是起始状态、训练目标、运动训练的客观规律、实施训练的客观条件。

表1-6　竞技状态的阶段性发展与周期划分

竞技状态发展过程	生物学基础	训练任务	训练时期
形成	适应性机制：机体对外界刺激的适应性现象	提高竞技能力，促进竞技状态的形成	准备期
保持	动员性机制：心理/生理能力被释放动员，各系统高度协调	发展稳定的竞技状态，参加比赛创造好成绩	比赛期
消失	保护性机制：机体自动停止积极的应激反应	积极恢复，消除心理与生理疲劳	恢复期

运动训练计划可划分为多年训练计划、年度训练计划、大周期训练计划，周训练计划和课训练计划。在这里主要应用的是周期训练理论，提到周期训练理论就必须讲竞技状态的阶段性发展，竞技状态的发展主要有三个阶段：形成、保持和消失（表1-6）。尤其是中长跑项目，3 000米，周期性非常明显，一段时间不运动，成绩明显下滑，恢复的时间也长。根据竞技状态的形成、保持和消失三个阶段，可将训练时期划分为准备期、比赛期、恢复期。竞技状态的阶段性发展与周期划如表1-6所示。依据训练周期可将训练周划分为基本训练周训练，赛前训练周训练，比赛周训练和赛后训练周训练（表1-7）。

表1-7 周训练任务

周 型	主要训练任务
基本训练周	通过特定的程序和反复练习使运动员掌握和熟练专项技战术，以及通过负荷的改变引起新的生物适应现象，提高运动员的多种竞技能力
赛前训练周	使运动员的机体适应比赛的条件和要求，把各种竞技能力集中到专项竞技中去
比赛周	为运动员在各方面培养理想的竞技状态作直接的准备和最后的调整，并参加比赛，力求实现预期的目标
恢复周	消除运动员生理上和心理上的疲劳，促进超量恢复的出现，激发强烈的训练动机，准备投入新的训练

表1-8 周次课中不同负荷分配参数

周次课	大负荷课次	中负荷课次	小负荷课次
3～4	1～2	1～2	0～1
5～6	2	2～3	1～2
7～8	2～3	2～4	2
9～10	3～4	3～5	2～3
11～12	4～5	4～5	3～4

了解了训练任务，接下来就是安排训练负荷。这就要学习如何掌握基本训练周和赛前训练周的负荷安排。根据每周训练次数的不同，如一周进行7～8次训练课，那么大负荷课次安排2～3次，中负荷课次安排2～4次，小负荷课次安排2次，如表1-8所示。

在机体充分恢复后、局部疲劳时和非常疲劳时，我们安排哪些训练内容呢？在机体充分恢复后，可以安排最大速度、最大力量等训练在局部疲劳时，可以安排速度耐力、专项耐力的训练；在非常疲劳时，可以选择一般耐力的训练或者休息。

为了调整训练负荷，我们需要知道机体是否处于疲劳状态。我们可以通过晨脉来判断训练负荷，负荷适宜：早晨醒后起床前自测脉搏在每50～80次/分。过度疲劳：脉搏比平时每分钟增加12次以上；或连续几天均比平时高出20%～30%（如平时晨脉为70次/分，突然增加到84～91次/分）。也可以通过尿量来判断，负荷适宜：尿量（每天1 500～2 500毫升）正常；颜色淡黄，清澈，有时因喝水偏少，颜色稍加深。过度疲劳：尿量少于500毫升；颜色呈浓红茶色（出现血尿），或浑浊状态（出现蛋白尿）。还可以通过体重来判断，负荷适宜：在一次大运动量训练期间，体重略有下降，最多可达1～4千克，但经过1～2天后可恢复。过度疲劳：训练期间体重不明原因地持续下降，并且超过4千克。不同竞技能力训练机体状态的对应原理如表1-9所示。

表1-9　不同竞技能力训练与机体状态的对应原理

竞技能力类型	充分恢复后	局部疲劳时	非常疲劳时
素质	最大速度 最大力量 快速力量	速度耐力 一般耐力 力量耐力	一般耐力 力量耐力
协调 技术 战术	协调能力 精细技巧 战术配合	—— 辅助技术 战术配合	—— —— ——
心理品质	判断反应	自控耐力	顽强拼搏的意志品质

出现了疲劳，就要学会调整训练负荷，我们可以通过量和强度之间的互换来调整训练负荷，例如，当机体处于完全恢复时，我们可以采用保持量、提高强度的方式，或者加量、保持强度的方式；当机体疲劳时，可以采用减量和降低强度的方式。

比赛周的训练负荷安排，目的就是让参训者处于超量恢复阶段，可以在比赛前5天进行强度训练，前3天进行恢复性小强度训练，两天进行调整训练。

恢复周的训练就是简单的一般性身体训练和体育游戏等，最大限度地消除肌肉疲劳，消除精神紧张。

第三节　双人体能训练前的体能储备

双人体能训练前，个人在进行体能训练时，可以针对身体各部位采取不同的训练方式，具体内容如下。

一、单人上肢体能训练方式

（一）初级
①推墙俯卧撑
②跪姿俯卧撑
③标准俯卧撑
④宽距俯卧撑
⑤夹臂俯卧撑
⑥钻石俯卧撑
⑦指撑俯卧撑
⑧拳撑俯卧撑

（二）中级
①交叉俯卧撑
②击掌俯卧撑
③俯身冲肩
④转体触脚俯卧撑
⑤收腹折刀俯卧撑
⑥虎扑俯卧撑
⑦单侧虎扑俯卧撑
⑧射手俯卧撑
⑨超人俯卧撑
⑩单手俯卧撑
⑪倒立俯卧撑

（三）高级
①弹力带上斜卧推
②弹力带上斜飞鸟
③弹力带上斜站姿夹胸
④弹力带卧推
⑤弹力带俯卧撑
⑥坐姿弹力带夹胸
⑦弹力带并握推胸

⑧弹力带肩上推举

⑨弹力带前平举

⑩弹力带俯身飞鸟

⑪弹力带俯身划船

⑫直臂下压

⑬弹力带单臂划船

⑭站姿单臂划船

⑮弹力带坐姿划船

⑯弹力带辅助引体向上

二、单人核心体能训练方式

（一）整体稳定性

①平板支撑

②平板侧支撑

③臀桥

④背桥

（二）徒手动态训练

可以在此基础上加上药球/哑铃进行负重训练。

①平板支撑交替摸肩

②仰卧起坐

③卷腹

④卷腹上抬

⑤屈膝收腹

⑥仰卧上下打腿

⑦仰卧左右交叉打腿

⑧仰卧自行车

⑨俄罗斯转体

⑩两头起

⑪仰卧单侧手腿触碰

⑫仰卧手交叉触碰单侧腿

⑬仰卧肘膝触碰

⑭仰卧举腿

⑮仰卧支撑摆动

⑯侧支撑抬腿

⑰侧支撑肘膝触碰

（三）弹力带抗阻核心训练

①抗屈伸

②抗侧屈

③抗旋转

（四）瑜伽球核心训练

①平板肘支撑

②平板手肘前后移动

③平板腿支撑

④俯卧撑

⑤侧支撑

⑥侧支撑肘膝触碰

⑦俯卧屈膝收腹

⑧俯卧V字支撑

⑨卷腹

⑩背起

⑪臀桥

⑫夹球仰卧举腿

⑬多平面稳定训练

（五）波速球核心训练

①平板支撑

②交替平板支撑

③平板转体

④斜撑挺背

⑤斜撑摸脚

⑥侧支撑

⑦侧支撑转体

⑧V字支撑

⑨背起

⑩俯卧开合跳

⑪俯卧收腹跳

⑫俯卧登山

⑬俯卧收腿

⑭俯卧腿交替（跨步跳）

⑮波比跳

⑯弹力带交替收腿+举腿

三、单人下肢体能训练方式

（一）初级

①徒手深蹲（窄距）

②徒手深蹲（宽距）

③躬身徒手深蹲

④深蹲接起跳

⑤过顶深蹲

⑥深蹲+单腿抬起

⑦提膝外展

⑧站姿提踵

⑨扶墙单腿外展

⑩足底抓毛巾

⑪硬拉

⑫单脚提踵

（二）中级

①靠墙静蹲

②靠墙仰卧顶髋

③向后弓箭步

④前后弓箭步

⑤弓箭步转体

⑥向后弓箭步转体

⑦蛙跳

⑧深蹲开合跳

⑨单腿硬拉
⑩深蹲展腹跳
⑪深蹲转身跳
⑫后撤弓箭步+单腿前摆
⑬后撤步单腿跳
⑭手枪蹲

(三) 高级
①弹力带直腿前摆
②弹力带直腿后摆
③弹力带直腿侧内摆
④弹力带直腿侧外摆
⑤弹力带横向移动
⑥弹力带后向移动
⑦弹力带向前弓箭步
⑧弹力带弓箭步蹬摆
⑨俯卧弹力带收腿
⑩俯卧弹力带单腿后伸
⑪弹力带蹬摆上抬
⑫弹力带高抬腿跑

四、髋关节灵活性、稳定性、抗阻训练方式

(一) 髋关节第一阶段：拉伸、灵活性训练
①横叉俯身下压
②竖叉下压
③正压腿连续下压
④蹲姿髋旋转
⑤坐姿髋旋转
⑥跪姿顶髋
⑦俯卧转髋
⑧青蛙趴
⑨开髋

⑩单腿跪姿髋部内旋外展

⑪侧面单手扶墙手腿反向抬

⑫正面扶墙单腿内收外摆

⑬双手扶墙单腿前绕

⑭髋的内外旋

⑮原地转髋

⑯原地单腿侧提髋

⑰单腿摆越前后跳

⑱前踢腿跑

⑲A式跳跃

⑳B式跳跃

㉑C式跳跃

㉒提髋内旋转垫步跳

㉓提髋外旋转垫步跳

㉔侧移动右腿提髋

㉕侧移动左腿提髋

㉖站姿屈膝抬腿扒地

（二）髋关节第二阶段：徒手训练

①单腿屈膝上抬

②单腿直膝上抬

③单腿直膝后抬

④单腿直膝外展

⑤单腿直膝侧抬

⑥侧卧上抬腿

⑦俯卧四足抬腿

⑧俯卧抬腿

⑨俯卧腿外翻

⑩俯卧腿外展

⑪俯卧膝绕环

⑫俯卧腿侧抬

⑬仰卧单腿屈膝上抬

⑭仰卧单腿屈膝侧抬

⑮仰卧上下打腿

⑯仰卧左右腿交叉

⑰仰卧直腿外展（45°）

⑱直腿横摆

⑲直腿上抬

⑳直腿侧摆

㉑挺髋上抬

㉒挺髋上摆

㉓大步弓箭步走

㉔坐姿单腿上抬标志物

㉕侧转跨栏步

（三）髋关节第三阶段：负重训练

①壶铃负重上抬腿

②壶铃负重侧抬腿

③壶铃屈膝上抬

④壶铃上抬绕凳子

⑤跪姿负重单腿弓箭步

五、膝、踝关节灵活性、稳定性、抗阻训练方式

（一）第一阶段：关节稳定性、灵活性、康复训练

①手腕脚踝运动

②膝关节屈伸运动

③坐姿勾脚趾练习

④弹力带勾脚趾练习

⑤弹力带对抗保持勾脚尖

⑥弹力带对抗保持蹦脚尖

⑦脚踩毛巾走

⑧脚踝360°打转转动

⑨平衡盘站姿静态练习

⑩平衡盘半蹲练习

⑪站姿拉伸跟腱

⑫原地动态提踵练习

⑬原地提踵练习（静态）

⑭原地外翻（动态）

⑮原地外翻（静态）

⑯原地单脚内翻（动态）

⑰原地单脚内翻（静态）

⑱原地单脚提踵

⑲原地单脚足背屈

⑳俯身单腿下压脚踝

㉑俯身并脚下压脚踝

㉒直立屈膝单腿下压脚踝

㉓踮脚尖走（前后）

㉔原地小垫步

㉕屈膝立脚踝小步走

㉖鸭子步

㉗屈膝下蹲静止

㉘靠墙静蹲

㉙Bosu球单脚滚动

（二）第二阶段：徒手力量训练

①原地纵跳

②并脚前后跳

③并脚前跳

④并脚后跳

⑤原地单腿跳

⑥原地前后跳

⑦单腿向前跳

⑧俯身半蹲向前跳

⑨俯身半蹲向后跳

⑩原地弓箭步跳

⑪原地交换大弓箭步

⑫行进间弓箭步走

⑬移动交换小弹跳

⑭移动左右前行纵跳

⑮移动直膝勾脚尖交换跳

⑯仰卧手足走

⑰快速垫步跑

⑱半高抬腿快速跑

⑲直膝快速跑

⑳连续弓箭步下压（可借助平衡盘）

（三）第三阶段负重训练

①壶铃负重踝关节静态勾紧练习

②站立单腿支撑踝关节勾紧收缩练习（壶铃负重）

③站立单腿支撑踝关节左右摇摆练习（壶铃负重）

④原地半蹲静态（可站在平衡盘上）

⑤原地半蹲动态（可站在平衡盘上）

⑥平衡盘半蹲静态动态结合

⑦脚踩平衡盘原地慢深蹲

⑧壶铃负重屈膝前摆

⑨靠墙壶铃负重屈膝前摆

⑩靠墙壶铃负重直膝上抬

⑪单腿壶铃负重提拉抬腿

⑫负重弓箭步走

第二章

全身训练动作

第一节　初级全身训练动作

一、伙伴推动

（一）训练目的

1. 增强下肢肌群力量

通过弓箭步练习，受训者可以强化下肢静态下的肌肉稳定能力，提升下肢力量，提高躯干稳定性。重点锻炼胸大肌、股四头肌、臀大肌、核心肌群等肌肉。

2. 提升运动表现

增强核心的稳定性，提升在外力破坏下维持核心稳定的能力，有助于提升对抗项目中的运动表现，同时降低大强度训练导致的损伤风险。

（二）准备姿势

两人对练时，选择身高、体重、上肢力量相似的人员，在平整、软硬适中的垫子或者平面上训练，确保安全高效。两人之间的距离为0.5米，同时伸出左（右）脚成弓箭步姿势，伸出右（左）手相互推手。

（三）动作过程

核心收紧：在整个动作过程中，保持腹部肌肉的紧张状态，以帮助维持身体的稳定性。

移动过程：上体挺直，肩部稍向后张；一人推手一人缓慢将手收回，然后动作互换重复训练（图2-1）。

呼吸方式：行走时采用腹式呼吸方式，在推手时吐气，在收手时吸气，呼吸做到缓慢匀速。

动作感觉：在推动时，感受胸部、核心和腿部的肌肉群协同工作。

（四）常见错误及纠正

收缩过程中速度过快，训练效果较差。

纠正：应始终保持缓慢匀速推收，将每次动作的完成时间控制在2s左右。

图2-1 伙伴推动

二、穿扛行走

（一）训练目的

1. 增强下肢肌群力量

通过负重练习，受训者可以强化下肢负重能力，提升下肢力量，提高躯干稳定性。重点锻炼股四头肌、臀大肌、核心肌群等肌肉。

2. 提升运动表现

增强下肢力量，提升下肢稳定性，有助于提高跑步等动作的协调性和效率，降低大强度训练导致的下肢运动损伤风险。

3. 改善体态

解决核心力量不足导致的体态问题，如含胸驼背、腰部不适等。

（二）准备姿势

选择合适的负重人员，在平整、软硬适中的垫子或者平面上训练，确保安全高效。将同伴扛在肩上，一只手抓握同伴大臂另一只手抓握同伴大腿，让同伴腹部紧靠肩部。

（三）动作过程

核心收紧：在整个动作过程中，保持腹部肌肉的紧张状态，以帮助维持身体的稳定性。

移动过程：上体挺直，肩部稍向后张；身体保持直立，双腿交替向前行走，步频均匀，匀速前进（图2-2）。

呼吸方式：走时采用胸式呼吸方式，呼吸均匀，呼吸与步调一致，做到稳。

动作感觉：在行走过程中，感受核心和腿部的肌肉群协同工作。

结束动作：受训者身体下蹲，同伴两脚触地，然后站起，两人进行交替练习。重复上述动作，完成设定的组数和次数。

（四）常见错误及纠正

1. 穿扛同伴的重心靠后，导致核心不稳定。

纠正：保持同伴的重心与受训者的重心在同一平面内，受训者抓紧同伴大臂与大腿使同伴腹部紧靠肩部。

2. 行走过程中速度过快，导致行走重心不稳。

纠正：核心收紧、保持小步匀速前进，同时保持呼吸均匀。

图2-2　穿扛行走

三、伙伴拖拽

（一）训练目的

1. 增强下肢肌群力量

通过负重练习，受训者可以强化下肢负重能力，提升下肢力量，提高躯干稳定性。重点锻炼股四头肌、臀大肌、核心肌群等肌肉。

2. 提升运动表现

增强下肢力量，提升下肢稳定性，有助于提高前后移动等运动项目的运动表现，提升下肢协调性和效率，降低大强度训练导致的下肢运动损伤风险。

3. 改善体态

解决核心力量不足导致的体态问题，如含胸驼背、骨盆前倾等。

（二）准备姿势

选择合适的负重人员，在平整、软硬适中的垫子或者平面上训练，确保安全高效。双手环抱同伴腋下，同伴自然放松即可。

（三）动作过程

核心收紧：在整个动作过程中，保持腹部肌肉的紧张状态，以帮助维持身体的稳定性。

移动过程：上体挺直，肩部稍向后张；身体保持直立双腿，交替向后行进，步频均匀，匀速前进（图2-3）。

呼吸方式：行走时采用胸式呼吸方式，呼吸均匀，呼吸与步调一致，做到稳。

动作感觉：在行走过程中，感受核心、腰背和腿部的肌肉群协同工作。

结束动作：受训者稍微用力，将同伴向前推，同伴站直，两人向后转，两人进行交替练习。重复上述动作，完成设定的组数和次数。

（四）常见错误及纠正

1. 后行过程中速度过快，导致行走重心不稳

纠正：小步匀速后行，同时保持呼吸均匀。

2. 滑落摔倒

纠正：同伴手臂夹紧受训者的小臂。

图2-3　伙伴拖拽

四、背靠背深蹲

（一）训练目的

1. 增强下肢肌群力量

通过训练，受训者可以锻炼股四头肌、臀大肌、腘绳肌、比目鱼肌和腓肠肌等肌群。

2. 提高身体稳定性

在进行深蹲时，需要腹部和背部肌肉收缩来保持身体平衡，从而提升身体稳定性。

3. 增强关节灵活性和稳定性

膝关节在深蹲过程中也经历着屈伸运动。适当的深蹲训练可以增强膝关节的灵活性，使得膝关节在活动范围内能够更加自如地运动。

（二）准备姿势

两人双脚开立与肩同宽，背对背贴紧站立，同时双臂肘关节互相交叉，双脚略向

前（图2-4）。

（三）动作过程

保持准备姿势，两人同时下蹲并同时站立即可。

呼吸方式：下蹲时吸气，起立时呼气。

动作感受：感受大腿主动发力完成动作；蹲起时注意背部靠紧伙伴，做到动作节奏相同。

（四）常见错误及纠正

1. 膝盖内扣

纠正：蹲时膝盖应沿着脚尖方向运动，避免内扣。

2. 足跟抬起

纠正：确保站距合适，重心保持在脚的中心。

3. 深蹲深度不够

纠正：下蹲时应保持膝内夹角小于90°，可通过靠墙深蹲进行纠正训练。

图2-4 背靠背深蹲

五、背靠背上接传球

（一）训练目的

1. 增强全身力量

通过半蹲背靠背维持稳定，受训者可以提高身体核心能力；通过上接传球，提高上肢力量。

2. 提升运动表现

增强核心的稳定性，提升在静止状态下维持核心稳定的能力，有助于提升对抗项目中的运动表现，同时降低大强度训练导致的损伤风险。通过穿越同伴，受训者可以提高身体的协调能力、下肢力量及爆发力，提升下肢的运动表现和运动能力。

（二）准备姿势

选择平整、软硬适中的垫子或者平面，确保训练安全高效。两人背靠背半蹲维持稳定，一人双手持球。

（三）动作过程

核心收紧：在整个动作过程中，保持核心稳定。

移动过程：一人双手将球上举，另一人接球，反复进行（图2-5）。

呼吸方式：站起时呼气，还原时吸气，采用胸部呼吸方式。

动作感觉：手臂上举维持身体稳定感受核心发力，上肢三角肌前束感受发力。

（四）常见错误及纠正

1. 受训者塌腰导致核心不稳定

纠正：背部保持直立，核心维持稳定。

2. 下蹲幅度过小，下肢肌肉练习效果减弱

纠正：增大下蹲幅度，提高下肢训练效果。

图2-5　背靠背上接传球

六、背靠背左右传球

（一）训练目的

1. 增强全身力量

通过半蹲背靠背维持稳定，受训者可以提高身体核心能力；通过左右传球，提高

上肢力量。

2. 提升运动表现

增强核心的稳定性，提升在静止状态下维持核心稳定的能力，有助于提升对抗项目中的运动表现，同时降低大强度训练导致的损伤风险。通过穿越同伴，受训者可以提高身体的协调能力、下肢力量及爆发力，提升下肢的运动表现和运动能力。

（二）准备姿势

选择平整、软硬适中的垫子或者平面，确保训练安全高效。两人背靠背半蹲维持稳定，一人双手持球。

（三）动作过程

核心收紧：在整个动作过程中，保持核心稳定。

移动过程：一人将球从身体一侧传出，另一人接球，反复进行（图2-6）。

呼吸方式：站起时呼气，还原时吸气，采用胸部呼吸方式。

动作感觉：身体转动时稳定身体感受核心稳定，左右传球时感受腹内外斜肌发力。

（四）常见错误及纠正

1. 受训者塌腰导致核心不稳定

纠正：背部保持直立，核心维持稳定。

2. 下蹲幅度过小，下肢肌肉练习效果减弱

纠正：提升下蹲幅度，提高下肢训练效果。

图2-6 背靠背左右传球

七、左右侧滑步

（一）训练目的

增强全身力量：通过左右侧滑步，受训者可以提高身体核心能力和下肢支撑力量。

（二）准备姿势

选择平整、软硬适中的垫子或者平面，确保训练安全高效。受训者手拉着手，双脚踩着平衡板。

（三）动作过程

核心收紧：在整个动作过程中，保持核心稳定。

移动过程：两人分别移动对侧的脚，做侧滑步练习，左右交替进行。

（四）常见错误及纠正

左右侧滑步幅度过小或过大。纠正：注意滑步的步幅要适中，确保训练效果和安全。

图2-7 左右侧滑步

第二节 中级全身训练动作

一、俯卧互跳爬

（一）训练目的

1. 增强下肢肌群力量

受训者通过俯卧撑锻炼胸大肌、提升静态下核心肌肉的稳定能力，通过跳跃同伴提升下肢爆发力和下肢力量。重点锻炼核心肌群、股四头肌、臀大肌等肌肉，提升身体稳定性。

2. 提升运动表现

增强胸大肌的力量及核心的稳定性，提升在静止状态下维持核心稳定的能力，有助于提升对抗项目中的运动表现，同时降低大强度训练导致的损伤风险。通过跳跃同伴，受训者可以提升下肢的运动表现和运动能力。

3. 改善体态

解决下肢力量不足和核心力量不足导致的体态问题，如含胸驼背、骨盆前倾等。

（二）准备姿势

选择平整、软硬适中的垫子或者平面，确保训练安全高效，一人进行俯卧支撑，另一人面向同伴站立。

（三）动作过程

核心收紧：在整个动作过程中，保持腹部肌肉的紧张状态，以帮助维持身体的稳定性。

移动过程：一人上体挺直，肩部稍向后张，进行直臂平板支撑；另一人从做直臂平板支撑的同伴下方俯身穿过后，迅速转体再次面向同伴，然后从同伴的背部上方双脚起跳，跳过同伴。重复训练（图2-8）。

呼吸方式：进行跳跃者在下方穿越时缓慢吸气，在跳跃时呼气。

结束动作：一组动作完成后，两人交换，重复练习。完成训练后，穿越人员主动将平板人员扶起。两人相互放松胸部、下肢等肌群。

（四）常见错误及纠正

1. 提臀、塌腰导致核心不稳；

纠正：始终保持肩、髋、膝、踝在一条直线上，核心收紧。

2. 穿越人员跳起后的落地没有进行屈膝缓冲，导致膝盖关节的损伤；

纠正：积极主动进行屈膝缓冲。

图2-8 俯卧互跳爬

二、伙伴起立

（一）训练目的

1. 增强下肢肌群力量

通过伙伴起立训练动作，受训者可以锻炼背阔肌、提静态下核心肌肉的稳定能力，提升身体稳定性和背部肌肉力量。

2. 提升运动表现

增强背阔肌的力量及核心的稳定性，提升在静止状态下维持核心稳定的能力，有助于提升对抗项目中的运动表现，同时降低大强度训练导致的损伤风险。提升下肢的运动表现和运动能力。

3. 改善体态

解决背阔肌、核心力量不足导致的体态问题，如含胸驼背、骨盆前倾等。

（二）准备姿势

选择平整、软硬适中的垫子或者平面，确保训练安全高效。一人仰卧于地面，另一人站在同伴的一侧，两人相互抓握对方手腕位置。

（三）动作过程

核心收紧：在整个动作过程中，保持腹部肌肉的紧张状态，以帮助维持身体的稳定性。

移动过程：受训者主动抓握同伴手腕位置，主动发力，将同伴拉起至站立姿势，同伴核心收紧即可（图2-9）。

呼吸方式：拉人者采用腹式呼吸方式，向下进行退让式运动时呼气，向上做离心收缩时进行呼气。仰卧于地面者，感受胸部和核心的肌肉群协同工作，保持匀速呼吸。

（四）常见错误及纠正

1. 提臀、塌腰导致核心不稳定

纠正：始终保持肩、髋、膝、踝在一条直线上，核心收紧。

2. 拉动速度过快，导致同伴肩部拉伤

纠正：拉动同伴时要匀速缓慢。

图2-9 伙伴起立

三、平板支撑+侧向交替跳

（一）训练目的

1. 增强下肢肌群力量

受训者通过平板支撑提升静态下核心肌肉的稳定能力，通过穿越同伴提升身体的协调能力，通过跳过同伴提升下肢爆发力和下肢力量。重点锻炼核心肌群、股四头肌、臀大肌等肌肉。

2. 提升运动表现

增强核心的稳定性，提升在静止状态下维持核心稳定的能力，有助于提升对抗项目中的运动表现，同时降低大强度训练导致的损伤风险。通过跨栏跳，可以提高身体的协调能力、下肢力量及爆发力，提升下肢的运动表现和运动能力。

3. 改善体态

解决核心力量不足或下肢力量不足导致的体态问题，如含胸驼背、骨盆前倾等。

（二）准备姿势

选择平整、软硬适中的垫子或者平面，确保训练安全高效。一人进行平板支撑，两腿分开与肩部同宽或略比肩宽。另一人站在平板支撑者的两小腿的一侧。

（三）动作过程

核心收紧：在整个动作过程中，平板支撑者保持大小臂直角，小臂及手部接触地面,两小臂支撑点在胸部下方,保持腹部肌肉的紧张状态,保持肩、髋、膝、踝在一条直线上,以帮助维持身体的稳定性。

移动过程:跳跃者在平板支撑者的两腿之间进行单足侧跳训练,先将一脚移动到两腿中间,一脚放于原点,再将两脚移动到两腿中间,然后一脚不动,另一脚移动至另一侧,最后将两脚移动到身体的另一侧,重复训练(图2-10)。

呼吸方式:平板支撑,采用胸式呼吸方式,呼吸匀速。跨栏跳人员匀速呼吸保持跳跃节奏。

动作感觉:平板支撑者感受核心发力。跳跃者感受腿部、上肢、核心的肌肉群协同发力及跳跃的节奏感和协调性。

结束动作:一组动作完成后,两人交换,重复练习。完成训练后,跳跃者将平板支撑着扶起。两人相互放松下肢、核心等肌群。

(四)常见错误及纠正

常见的错误包括平板支撑者提臀、塌腰导致核心不稳定。为了避免这些错误应始终保持肩、髋、膝、踝在一条直线上,核心收紧。跳跃者跳起后的落地没有进行屈膝缓冲,导致膝盖关节损伤,为了避免这些错误应积极主动进行屈膝缓冲。

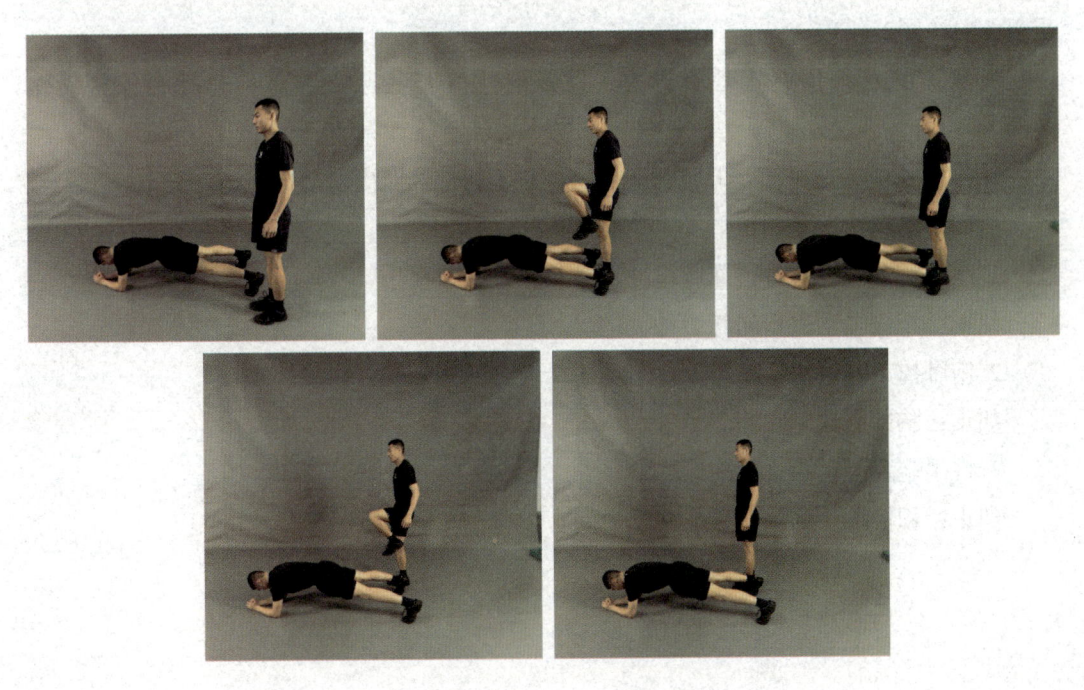

图2-10 平板支撑+侧向交替跳

四、双人波比跳

（一）训练目的

1. 增强全身力量

受训者通过波比跳训练动作强化全身力量，同时强化有氧能力，达到提高心肺功能的目的。

2. 提升运动表现

在全身多肌群参与的运动过程中，受训者不仅可以提升肌肉之间的协调性，还可以提升全身肌肉力量和有氧能力。

（二）准备姿势

选择平整、软硬适中的垫子或者平面，确保训练安全高效。两人面对面站立。

（三）动作过程

移动过程：两人进行波比跳，收腹将两脚收于腹部下方同时提高臀部，两手推地，站起，屈膝下蹲，快速跳起，手臂上举，与同伴在空中击掌，然后屈膝缓冲落下，重复练习（图2-11）。

呼吸方式：采用胸式呼吸方式，跳跃时呼气，还原吸气。匀速呼吸保持动作节奏。

动作感觉：感受腿部、上肢、胸部、核心、腿部的肌肉群协同发力。

（四）常见错误及纠正

1. 跳起后落地没有进行屈膝缓冲，导致膝盖关节损伤

纠正：积极主动进行屈膝缓冲。

2. 俯卧撑下降过快

纠正：胸部退让时收缩

3. 推手起身时重心过度前倾

纠正：积极推手确保重心在两腿中间。

图2-11 双人波比跳

五、背靠背半蹲弹力带扩胸

(一)训练目的

1. 增强全身力量

受训者通过半蹲提高股四头肌耐力、膝关节和踝关节的稳定性;通过扩胸,提高胸大肌、三角肌等肌群力量;通过半蹲姿势的维持,提高核心肌群力量和身体稳定性。

2. 提升运动表现

在全身多肌群参与的运动过程中,受训者不仅可以提升肌肉力量,还能提高身体协调性。

3. 改善体态

身体维持核心稳定,提高胸部力量,改善不良体态。

(二)准备姿势

选择平整、软硬适中的垫子或者平面,确保训练安全高效。两人背靠背半蹲,双手同时持弹力带屈臂于胸前,与肩同高。

(三)动作过程

移动过程:两人背靠背半蹲维持身体稳定,双手缓慢发力,做扩胸运动将弹力带拉平，然后缓慢还原，胸部做离心退让式收缩（图2-12）。

呼吸方式：采用胸式呼吸方式，做弹力带扩胸时呼气，还原时吸气。

动作感觉：股四头肌由于静力支撑有酸胀感，胸大肌由于做扩胸收缩有疲劳感。

（四）常见错误及纠正

1. 背部没有挺直，屈膝角度过大

纠正：背靠背使背部挺直，双膝关节尽可能保持90°，对股四头肌施加更大的刺激。

2. 做扩胸运动时动作幅度过小

纠正：两手臂做扩胸运动后尽可能伸平成180°，最大限度刺激背阔肌

3. 扩胸动作速度过快，没有节奏

纠正：发力时动作速度加快，还原时缓慢做离心收缩，确保训练效果。

图2-12 背靠背半蹲弹力带扩胸

六、伙伴单手起立

（一）训练目的

1. 增强全身力量

受训者通过单手起立训练动作，提高下肢肌肉力量和核心力量；通过拉起主动发力，提高手臂和背部力量。

2. 提升运动表现

在全身多肌群参与的运动过程中，受训者不仅可以提升肌肉力量，还能提高身体协调性。

（二）准备姿势

选择平整、软硬适中的垫子或者平面，确保训练安全高效。受训者平躺于地面，

保护者站于一侧，单手拉受训者手掌。

（三）动作过程

移动过程：受训者主动发力拉保护者手掌，同时屈髋屈膝，下肢蹬伸发力，完成起立动作（图2-13）。

呼吸方式：采用胸式呼吸方式，拉起发力时呼气，还原时吸气。

动作感觉：受训者核心收紧，通过屈髋积攒力量，双脚蹬地主动发力，感受全身肌肉的协调用力。

（四）常见错误及纠正

1. 没有屈髋发力，站起困难

纠正：主动屈髋屈膝，缩小站起半径，提高站起速度。

2. 拉起发力时手臂用力过猛，导致保护者重心不稳，产生风险

纠正：受训者缓慢发力，同时保护者重心后移，避免摔伤。

图2-13 伙伴单手起立

七、胯下运球

（一）训练目的

1. 提高全身力量

受训者通过连续胯下运球，提高身体力量和协调性，提高手指力量等。

2. 提升运动表现

在全身多肌群参与的运动过程中，不仅可以提升肌肉力量，还能提高身体协调性。

（二）准备姿势

选择平整、软硬适中的垫子或者平面，确保训练安全高效。受训者分别拿一个药球放于胯下。

（三）动作过程

移动过程：受训者两手在胯下依次做换球练习，注意手脚的协调发力（图2-14）。

（四）常见错误及纠正

1. 手脚没有协调发力，动作无法完成

纠正：俯身降低身体重心，两手依次换握药球，协调发力。

2. 在前进过程中药球掉落

纠正：选取重量和大小适中的药球，两手掌张开，掌心空开，增加药球与手指的接触面，提高稳定性。

图2-14 胯下运球

八、爬行俯卧撑

（一）训练目的

1. 提高全身力量

受训者通过俯卧向前爬进，提高上肢、下肢、核心等肌群的力量。

2. 提升运动表现

在全身多肌群参与的运动过程中，受训者不仅可以提升肌肉力量，还能提高身体协调性。

（二）准备姿势

选择平整、软硬适中的垫子或者平面，确保训练安全高效。两名受训者俯卧撑姿势朝向一个方向。

（三）动作过程

移动过程：受训者伸左手臂向前，同时屈右膝尽可能接触肘部，交替前行，两名练习者动作相反，方向相同（图2-15）。

（四）常见错误及纠正

1. 手脚没有协调发力，动作无法完成

纠正：原地练习屈膝触碰肘部，同时一只手臂向前爬进，动作熟悉后再完成练习。

2. 臀部过高，俯卧撑时肩关节高于肘关节

纠正：降低身体重心，臀部与背部在一个水平面，向前爬行时屈臂使肘部高于肩关节，提高训练效果。

图2-15　爬行俯卧撑

九、双手硬拉

（一）训练目的

1. 增强全身力量

受训者通过硬拉，提高下背部、腘绳肌力量，提高全身肌肉协调性。

2. 提升运动表现

在全身多肌群参与的运动过程中，受训者不仅可以提升肌肉力量，还能提高身体协调性。

3. 改善体态

背部保持挺直，增强身体后侧链力量，改善不良体态。

（二）准备姿势

选择平整、软硬适中的垫子或者平面，确保训练安全高效。受训者站立，两脚与肩同宽或稍宽，配合者身体斜支撑于地面，处于受训者胯下，双手紧握的手。

（三）动作过程

移动过程：受训者背部挺直，双手发力，将配合者拉起，然后缓慢还原，做离心退让式收缩（图2-16）。

呼吸方式：采用胸式呼吸方式，拉起时呼气，还原时吸气。

动作感觉：背部保持挺直同时适当下降，练习时下背部和腘绳肌有明显受力感觉。

（四）常见错误及纠正

1. 背部没有挺直，出现弓腰或塌腰现象

纠正：徒手时做"早安"动作，确保背部保持挺直，体会正确的动作要领。

2. 屈膝角度过大，对腿部刺激过多

纠正：先屈髋再屈膝，避免做成"深蹲式硬拉"，体会腘绳肌被拉长的感觉。

3. 下放速度过快，配合者存在摔伤风险

纠正：发力时要控制上拉，下放时要慢慢做离心运动，避免造成损伤。

图2-16　双手硬拉

第三节　高级全身训练动作

一、弹力带阻力跑

（一）训练目的

1. 增强下肢肌群力量

受训者通过阻力跑强化下肢力量、爆发力，提升奔跑的能力，重点锻炼股四头肌、臀大肌、核心肌群等肌肉。

2. 提升运动表现

提高身体的协调能力、下肢力量及爆发力，提升下肢的运动表现和运动能力。

3.改善体态

解决下肢力量不足导致的体态问题，如骨盆前倾等。

（二）准备姿势

选择平整、软硬适中的垫子或者平面，确保训练安全高效。两人前后站立，距离根据弹力带的长短确定。后者站立姿势时，双脚与肩同宽，脚掌指向前方，身体重心靠后，双手直臂拉弹力带。前者站立姿势时，双脚与肩同宽，脚掌指向前方，身体重心靠前，双手放在身体两侧，保持放松状态。

（三）动作过程

移动过程：前侧人员重心前倾进行积极跑动，着地时要用前脚先着地，后脚跟随着地，两腿交替充分蹬伸；后侧人员放松，重心略后倾，让前侧人员带动跑，着地时后脚跟随着地过渡到脚前掌，两腿微屈减少后脚着地对膝盖的冲击（图2-17）。

呼吸方式：两人均采用胸式呼吸方式，采用三步一呼、三步一吸的呼吸方式。

动作感觉：前侧人员感受两腿充分蹬伸，感受臀部、大腿的发力，手臂的积极摆动。后侧人员放松，两腿微屈做好缓冲即可。

结束动作：一组动作完成后，两人交换，重复练习。完成训练后，将弹力带收好。两人相互放松下肢、核心等肌群。

（四）常见错误及纠正

1.前侧人员有屈膝、屈髋的现象，蹬伸不充分

纠正：积极蹬伸，蹬伸至肩、髋膝在一条直线上。

2.全脚掌着地，重心前倾不够

纠正：前脚掌着地减少对于膝盖的冲击及保持高效的运动；重心前倾，尽量保持低头含胸，以减少风阻，达到更好的训练效果。

图2-17 弹力带阻力跑

二、双人平板波比跳

1. 增强全身力量

受训者通过波比跳训练动作强化全身力量，同时强化有氧能力，达到提高心肺功能的目的，通过平板支撑提升静态下核心肌肉的稳定能力。

2. 提升运动表现

在全身多肌群参与的运动过程中，受训者不仅可以提升肌肉之间的协调性，还可以提升全身肌肉力量、有氧能力、核心稳定性运动表现。

3. 改善体态：消耗大量的能量物质，达到增肌减脂的目的，解决核心力量不足导致的体态问题，如含胸驼背。

（一）准备姿势

选择平整、软硬适中的垫子或者平面，确保训练安全高效。一人进行平板支撑，另一人站在距离对方一米的位置左右进行波比跳训练。

（二）动作过程

移动过程：一人进行平板支撑，另一人进行波比跳，进行波比跳的人员先完成一个俯卧撑，后进行跳起收腹将两脚收于腹部下方同时提高臀部，两手推地，站起，屈膝下蹲，快速跳起，从平板支撑者背部上方跳过，屈膝缓冲落下（图2-18）。两人交替进行，重复练习。

呼吸方式：平板支撑人员采用胸式呼吸方式，匀速缓慢呼吸。波比跳人员匀速呼吸保持动作节奏。

动作感觉：平板支撑人员感受核心发力。波比跳人员感受腿部、上肢、胸部、核心的肌肉群协同发力。

结束动作：一组动作完成后，两人交换，重复练习。完成训练后，波比跳人员主动将平板支撑人员扶起。两人相互放松下肢、核心等肌群。

（四）常见错误及纠正

常见的错误包括平板支撑人员肩、髋、膝、踝没有在一条直线上，出现塌腰、提臀等现象，为了避免这些错误应做到核心收紧感受核心发力。波比跳人员俯卧撑下降过快；推手起身时重心过度前倾。为了避免这些错误应胸部始终做退让式收缩；积极推手确保重心在两腿中间。

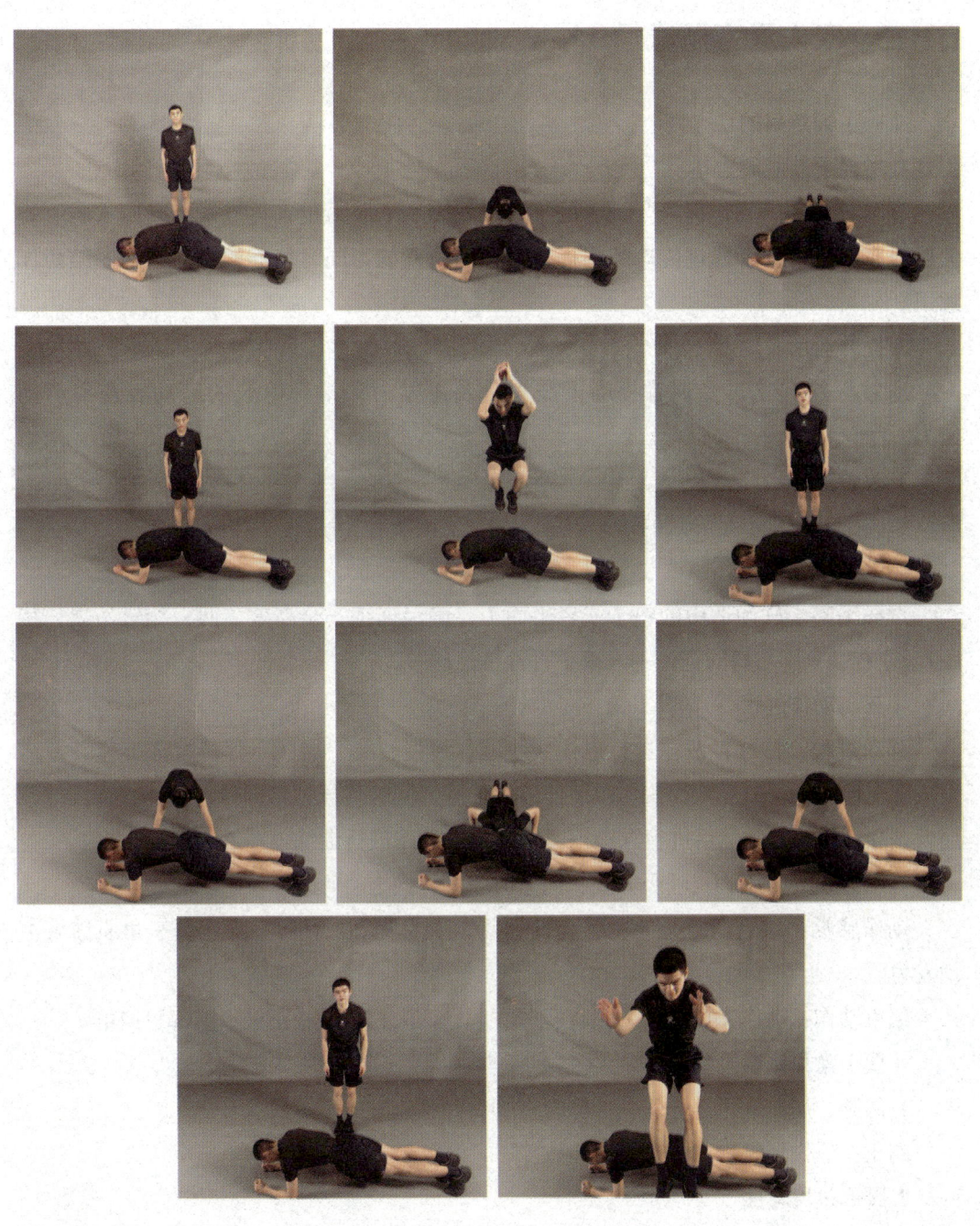

图2-18 双人平板波比跳

三、双人深蹲抛球

（一）训练目的

1. 增强下肢肌群力量

深蹲起立训练动作提升受训者的下肢爆发力和下肢力量，重点锻炼股四头肌、臀大肌等肌肉；受训者通过传球练习提升身体的协调能力同时培养两人之间的团结协作意识。

2. 提升运动表现

通过深蹲起立，受训者提高下肢力量及爆发力，提升下肢的运动表现和运动能力。

3. 改善体态

解决下肢力量不足导致的体态问题，如骨盆前倾等。

（二）准备姿势

选择平整、软硬适中的垫子或者平面上，确保训练安全高效。两人相对站立，相距1米左右，双脚与肩同宽，一人双手直臂持药球。

（三）动作过程

移动过程：持球者两腿进行退让式收缩，缓慢屈膝、屈髋，保持背部挺直，下蹲至大腿与地面平行或更低，快速蹬地伸髋、伸膝，同时将球抛给同伴，同伴直臂接球，屈臂缓冲后再伸直，然后进行深蹲练习，重复此动作进行训练（图2-15）。

呼吸方式：采用胸式呼吸方式，向下时吸气，向上时呼气。

动作感觉：感受两腿蹬伸，感受臀部、大腿的发力，直臂抛球感受三角肌前束主动发力。

结束动作：动作完成后，一人将药球收起，两人相互放松下肢、肩部等肌群。

（四）常见错误及纠正

1. 屈膝、屈髋或蹬地伸髋、伸膝时有脚尖和膝盖方向不一致

纠正：应做到脚尖和膝盖方向一致。

2. 腰部过度弯曲

纠正：核心收紧，保证腰部处于正常的生理弯曲。

3. 站直后再将药球抛出

纠正：抛球时充分利用蹬地伸髋、伸膝的力量。

图2-19 双人深蹲抛球

四、正抱前行

（一）训练目的

1. 增强下肢肌群力量

受训者通过负重练习，强化下肢负重能力，提升下肢力量，提高躯干稳定性。重点锻炼股四头肌、臀大肌、核心肌群等肌肉。

2. 提升运动表现

增强下肢力量，提升下肢稳定性，有助于提高跑步等动作的协调性和效率，降低大强度训练导致的下肢运动损伤风险，提升负重状态下核心的稳定能力。

3. 改善体态

解决核心力量不足导致的体态问题，如含胸驼背、腰部不适等。

（二）准备姿势

选择平整、软硬适中的垫子或者平面，确保训练安全高效。一人站立抱起同伴，同伴被抱起后，身体自然放松。

（三）动作过程

移动过程：受训者保持核心收紧，保证两人的身体重心处于两脚中间位置，缓慢匀速向前移动，距离和组数可自行掌握，两人交替进行（图2-20）。

呼吸方式：采用胸式呼吸方式，匀速缓慢呼吸。

动作感觉：行走人员感受核心、竖脊肌、腿部发力。被抱人员放松即可。

结束动作：动作完成后，两人交换位置，进行练习。两人相互放松下肢、肩部等肌群。

（四）常见错误及纠正

1. 行走速度过快，导致重心不稳

纠正：保持匀速前行，核心收紧。

2. 核心未收紧，腰部弯曲，导致腰部损伤

纠正：核心收紧，腰部处于正常的生理弯曲。

图2-20 正抱前行

五、正抱后行

（一）训练目的

1. 增强下肢肌群力量

受训者通过负重练习，强化下肢负重能力，提升下肢力量，提高躯干稳定性。重点锻炼股四头肌、臀大肌、核心肌群等肌肉。

2. 提升运动表现

增强下肢力量，提升下肢稳定性，有助于提高跑步等动作的协调性和效率，降低大强度训练导致的下肢运动损伤风险，提升负重状态下核心的稳定能力。

3. 改善体态

解决核心力量不足导致的体态问题，如含胸驼背、腰部不适等。

（二）准备姿势

选择平整、软硬适中的垫子或者平面，确保训练安全高效。一人站立抱起同伴，

同伴被抱起后，身体自然放松。

（三）动作过程

移动过程：受训者保持核心收紧，保证两人的身体重心处于两脚中间位置，缓慢匀速向后移动，距离和组数可自行掌握，两人交替进行（图2-21）。

呼吸方式：采用胸式呼吸方式，匀速缓慢呼吸。

动作感觉：行走人员感受核心、竖脊肌、腿部发力。被抱人员放松即可。

结束动作：动作完成后，两人交换位置，进行练习。两人相互放松下肢、核心等肌群。

（四）常见错误及纠正

1.行走速度过快，导致重心不稳

纠正：保持匀速前行，核心收紧。

2.核心未收紧，腰部弯曲，导致腰部损伤

纠正：核心收紧，腰部处于正常的生理弯曲。

图2-21 正抱后行

六、较劲

（一）训练目的

1.增强全身力量

受训者通过全身肌肉协调发力，提高下肢、上肢、核心等肌群力量，提升身体下肢负重能力和稳定性。

2.提升运动表现

增强下肢力量，提升下肢稳定性，有助于提高跑步等动作的协调性和效率，降低大强度训练导致的下肢运动损伤风险，提升负重状态下核心的稳定能力。

3.改善体态

解决核心力量不足导致的体态问题，如含胸驼背、腰部不适等。

（二）准备姿势

选择平整、软硬适中的垫子或者平面，确在训练安全高效。两人弓箭步面对面站立，前脚外侧抵住对方，保持稳定。

（三）动作过程

移动过程：受训者通过伸直手臂、左右发力等动作，降低对方稳定性，一旦出现脚离开地方移动的情况，视为获胜。（图2-22）注意：需要全脚掌都离开地面。

呼吸方式：采用胸式呼吸方式，匀速缓慢呼吸。

动作感觉：核心肌肉收紧，下肢保持稳定发力。

（四）常见错误及纠正

1. 身体重心过高，导致不稳定

纠正：提升弓箭步幅度，提高身体稳定性。

2. 手臂推拉时移动速度过猛，导致不稳定

纠正：主动发力时应注意自身身体稳定性，避免发力过大导致主动降低稳定性。

图2-22 较劲

七、倒立深蹲起

（一）训练目的

1. 增强全身力量

受训者通过全身肌肉协调发力，提高下肢、上肢、核心等肌群力量，提升身体下肢负重能力和稳定性。

2. 提升运动表现

增强下肢力量，提升下肢稳定性，有助于提高跑步等动作的协调性和效率，降低大强度训练导致的下肢运动损伤风险，提升负重状态下核心的稳定能力。

（二）准备姿势

选择平整、软硬适中的垫子或者平面上，确保训练安全高效。受训者俯撑于地面，两脚搭在保护者肩膀。

（三）动作过程

移动过程：一人进行俯卧撑练习，另一人进行深蹲练习，注意两人节奏要保持一致（图2-23）。

（四）常见错误及纠正

1. 身体接近倒立，动作难以完成

纠正：减小与地面夹角，降低训练难度。

2. 两人动作不一致，导致俯卧撑练习者难以完成动作

纠正：由一人下达口令，确保两人节奏一致。

图2-23 倒立深蹲起

八、弹力带横向阻力跑

（一）训练目的

1. 增强下肢肌群力量

受训者通过横向阻力跑训练动作强化下肢力量、爆发力，提升奔跑的能力，重点锻炼股四头肌、臀大肌、核心肌群等肌肉。

2. 提升运动表现

提高身体的协调能力、下肢力量及爆发力，提升下肢的运动表现和运动能力。

3. 改善体态

解决下肢力量不足导致的体态问题，如骨盆前倾等。

（二）准备姿势

选择平整、软硬适中的垫子或者平面，确保训练安全高效。两人左右站立，距离

根据弹力带的长短确定。后者站立姿势时，双脚与肩同宽，脚掌指向前方，身体重心靠后；前者站立姿势时，双脚与肩同宽，脚掌指向前方，身体重心靠前，双手放在身体两侧，弹力带放于腰部，保持放松状态。

（三）动作过程

移动过程：前侧人员重心前倾进行积极横向跑动，着地时要用前脚先着地，后脚跟随着地，两腿交叉交替充分蹬伸；后侧人员放松重心略后倾，让前侧人员带动跑，着地时后脚跟随着地过渡到脚前掌，两腿微屈减少后脚着地对膝盖的冲击（图2-24）。

呼吸方式：两人均采用胸式呼吸方式，采用三步一呼、三步一吸的呼吸方式。

动作感觉：前侧人员感受两腿充分蹬伸，感受臀部、大腿的发力，手臂的积极摆动。后侧人员放松，两腿微屈做好缓冲即可。

结束动作：一组动作完成后，两人交换，重复练习。完成训练后，将弹力带收好。两人相互放松下肢、核心等肌群。

（四）常见错误及纠正

1. 阻力过大，导致前侧人员重心过于靠后

纠正：选取合适阻力，重心应偏向移动方向。

2. 左右交叉动作不协调，导致无法完成动作

纠正：原地进行交叉步练习，提高身体协调性。

图2-24 弹力带横向阻力跑

第三章

上肢训练动作

第一节　初级上肢训练动作

一、弹力带摆臂练习

（一）训练目的

1. 增强上肢力量

受训者通过弹力带摆臂训练动作，强化手臂力量、肩关节力量以及核心力量。

2. 提升运动表现

受训者通过摆臂练习有效提高手臂协调性，同时在动作过程中保持身体核心稳定，提高跑动过程中的核心传导能力。

（二）准备姿势

选择合适的负重人员，在平整、软硬适中的垫子或者平面上训练，确保安全高效。两人前后站立，两人相距1~2米，一人两手抓握弹力带放于腋下，两脚前后开立成弓箭步，另一人抓握弹力带站于身后。

（三）动作过程

移动过程：两脚前后开立，前脚全脚掌着地，前腿微曲，前腿小腿垂直于地面，后腿自然放松，上体保持挺直，将弹力带放于腋下位置，两臂摆动时稍向里合，但不摆过身体的中线，向前摆动时肘不超过身体躯干，向后摆动时腕关节不超过躯干，两臂交替摆动（图3-1）。

呼吸方式：采用胸式呼吸方式，摆动2~3次进行一次呼吸。

动作感觉：感受肩部发力。

（四）常见错误及纠正

1. 手臂左右摆动过多，降低摆臂训练的效果

纠正：保证手臂摆动路线的正确。

2. 摆动幅度过大或过小

纠正：语言提示，确保摆臂正确。

图3-1 弹力带摆臂练习

二、弹力带侧平举

（一）训练目的

1. 增强肩关节肌群力量

受训者通过弹力带侧平举训练动作，强化肩部肌肉力量，提升肩关节的稳定性。

2. 提升运动表现

受训者通过强化肩部肌肉力量和提升稳定性，增强肩部力量的传导作用，提升运动表现，同时减少肩部产生运动损伤的风险。

3. 改善体态

强化肩部肌肉，使肩部肌肉肥大、肩部变宽，提升身体姿态美观度。

（二）准备姿势

在平整、软硬适中的垫子或者平面上训练，确保安全高效。两人相对站立，两人相距1米，一人两脚踩弹力带中间部位，另一人两手抓握弹力带两端，两脚左右开立，与肩部同宽。

（三）动作过程

移动过程：腰背部挺直，两手抓握弹力带两端，两臂自然伸直，稍内旋，向两侧发力将手臂抬起，至两臂与地面平行（图3-2）。

呼吸方式：采用腹式呼吸方式，手臂向下时呼气，还原时吸气。

动作感觉：感受肩部发力。

（四）常见错误及纠正

手臂超伸导致肘关节损伤，上举时高度过高，导致肩关节产生损伤。纠正：肘关节保持，向前上方举起时不要超过肩。

图3-2　弹力带侧平举

三、弹力带前平举

（一）训练目的

1. 增强肩关节肌群力量

受训者通过弹力带前平举训练动作，强化肩部肌肉力量，提升肩关节的稳定性。

2. 提升运动表现

受训者通过强化肩部肌肉力量和提升稳定性，增强肩部力量的传导作用，提升运动表现，同时减少肩部产生运动损伤的风险。

3. 改善体态

强化肩部肌肉，使肩部肌肉肥大，肩部变宽，提升身体姿态美观度。

（二）准备姿势

在平整、软硬适中的垫子或者平面上训练，确保安全高效。两人相对站立，两人相距1米，一人两脚踩弹力带中间部位，另一人两手抓握弹力带两端，两脚左右开立，与肩部同宽。

（三）动作过程

移动过程：腰背部挺直，两手抓握弹力带两端，两臂自然伸直，稍内旋，向前发力将手臂抬起，至两臂与地面平行（图3-3）。

呼吸方式：采用腹式呼吸方式，手臂向下时呼气，还原时吸气。

动作感觉：感受肩部发力。

（四）常见错误及纠正

手臂超伸导致肘关节损伤，上举时高度过高，导致肩关节产生损伤。纠正：做到手臂微屈，向前上方举起时不要超过肩。

图3-3　弹力带前平举

（五）变式训练

双人也可以徒手进行训练，具体见图3-4。

图3-4　阻力前平举

四、弹力带飞鸟

（一）训练目的

1. 增强肩关节肌群力量

受训者通过弹力带飞鸟训练动作，强化肩部肌肉力量，提升肩关节的稳定性。

2. 提升运动表现

受训者通过强化肩部肌肉力量和提升稳定性，增强肩部力量的传导作用，提升运动表现，同时减少肩部产生运动损伤的风险。

3. 改善体态

强化肩部肌肉，肩部肌肉肥大，使肩部变宽，提升身体姿态美观度。

（二）准备姿势

在平整、软硬适中的垫子或者平面上训练，确保安全高效。两人相对站立，两人相距1米，一人两脚踩弹力带中间部位，另一人两手抓握弹力带两端，两脚左右开立，与肩部同宽。

（三）动作过程

移动过程：两脚开立与肩同宽，屈髋、屈膝与地面呈大约45°夹角，手臂自然伸直，双手对握弹力带，将弹力带缓缓拉起，拉至大臂与地面基本平行，然后缓慢放下至起始位置（图3-5）。

呼吸方式：采用腹式呼吸方式，手臂向下时呼气，还原时吸气。

动作感觉：感受肩部发力。

（四）常见错误及纠正

手臂超伸导致肘关节损伤，上举时高度过高，导致肩关节产生损伤。纠正：肘关节保持微曲，向前上方举起时不要超过肩。

图3-5　弹力带飞鸟

（五）变式训练

双人也可以徒手进行训练，具体见图3-6。

图3-6　阻力飞鸟

五、弹力带二头弯举

（一）训练目的

1.增强肩关节肌群力量

受训者通过弹力带二头弯举训练动作，强化手臂肌肉力量，增强手臂的爆发力。

2. 提升运动表现
受训者通过强化大臂肌肉力量和爆发力，提升运动表现。

3. 改善体态
强化手臂肌肉，使大臂肌肉肥大，手臂维度变大，提升身体姿态美观度。

（二）准备姿势
在平整、软硬适中的垫子或者平面上训练，确保安全高效。两人相对站立，两人相距1米，一人两脚踩弹力带中间部位，另一人两手抓握弹力带两端，两脚左右开立，与肩部同宽。

（三）动作过程
移动过程：两脚开立与肩同宽，两手臂紧贴身体，手臂自然伸直，拳眼朝外缓慢弯曲使大小臂重叠，然后缓慢还原至大臂与小臂呈90°夹角（图3-7）。

呼吸方式：采用腹式呼吸方式，手臂向上时呼气，还原时吸气。

动作感觉：感受大臂前侧部发力。

（四）常见错误及纠正
1. 手臂超伸导致肘关节损伤，还原时将手臂伸直，导致肘关节产生损伤

纠错：应做还原时，大小臂呈90°夹角后再收缩。

2. 身体后倾，利用身体移动的速度完成动作，降低训练效果

纠正：保持核心收紧，稳定身体重心。

图3-7 弹力带二头弯举

六、弹力带锤式弯举

（一）训练目的
1. 增强肩关节肌群力量

受训者通过弹力带锤式弯举训练动作，强化手臂肌力量，增强手臂的爆发力。

2. 提升运动表现

受训者通过强化大臂肌肉力量和爆发力，提升运动表现。

3. 改善体态

强化手臂肌肉，使大臂肌肉肥大，手臂维度变大，提升身体姿态美观度。

（二）准备姿势

在平整、软硬适中的垫子或者平面上训练，确保安全高效。两人相对站立，两人相距1米，一人两脚踩弹力带中间部位，另一人两手抓握弹力带两端，两脚左右开立，与肩部同宽。

（三）动作过程

移动过程：两脚开立与肩同宽，两手臂紧贴身体，手臂自然伸直，拳眼向上，缓慢弯曲使大小臂重叠，然后缓慢还原至大臂与小臂呈90°夹角（图3-8）。

呼吸方式：采用腹式呼吸方式，手臂向上时呼气，还原时吸气。

动作感觉：感受大臂前侧部发力。

（四）常见错误及纠正

1. 手臂超伸导致肘关节损伤，还原时将手臂伸直，导致肘关节产生损伤

纠错：应做还原时大小臂呈90°夹角后再收缩。

2. 身体后倾，利用身体移动的速度完成动作，降低训练效果

纠正：保持核心收紧，稳定身体重心。

图3-8 弹力带锤式弯举

七、弹力带俯身划船

（一）训练目的

1. 增强背部肌群力量

受训者通过弹力带俯身划船训练动作，强化背部力量，增强背部、手臂的爆发力。

2. 提升运动表现

受训者通过弹力带俯身划船动作练习强化背部力量、手臂力量，同时提高肩关节的稳定性，提升上肢运动表现。

3. 改善体态

解决背部力量不足导致的圆肩等问题。

（二）准备姿势

选择合适的弹力带，在平整、软硬适中的垫子或者平面上训练，确保安全高效。两人相对站立，两人相距1米，一人两脚踩弹力带中间部位，另一人两手抓握弹力带两端，两脚左右开立，与肩部同宽。

（三）动作过程

移动过程：两脚开立与肩同宽，屈髋、屈膝与地面呈现大约60°夹角，两手微屈，两手对握弹力带，两臂微屈保持稳定，并将弹力带从身体前方拉至腹部位置，然后缓慢放下至起始位置（图3-9）。

呼吸方式：采用胸式呼吸方式，拉弹力带时呼气，还原时吸气。

动作感觉：感受背部发力。

（四）常见错误及纠正

屈髋、臀部向后坐，同时上身前倾，脊椎未保持中立位。纠正：核心收紧，维持核心的稳定性。不要在手臂拉动过程中利用重心的移动来完成动作，这会降低训练效果和动作质量。纠正：选择合适的弹力带。

图3-9 弹力带俯身划船

八、弹力带直臂下压

（一）训练目的

1. 增强背部肌群力量

受训者通过弹力带直臂下压训练动作，强化背部力量，增强背部、手臂的爆发力。

2. 提升运动表现

受训者通过强化背部力量和手臂力量、提高肩关节的稳定性，提升上肢运动表现。

3. 改善体态

解决因背部力量不足导致的圆肩等问题。

（二）准备姿势

选择合适的负重人员，在平整、软硬适中的垫子或者平面上训练，确保安全高效。两人相对站立，两人相距1米，一人两手抓握弹力带中间部位上举，另一人两手抓握弹力带两端，两脚左右开立，与肩部同宽。

（三）动作过程

移动过程：两手微屈，两手握弹力带中部，两臂微屈保持稳定，并将弹力带从身体前方拉到腹部位置，然后缓慢放下至起始位置（图3-10）。

呼吸方式：采用胸式呼吸方式，拉弹力带时呼气，还原时吸气。

动作感觉：感受背部发力。

（四）常见错误及纠正

1. 屈髋、臀部向后坐，同时上身前倾，脊椎未保持中立位

纠正：核心收紧，维持核心的稳定性。

2. 拉动过程中依靠背部反弓完成动作

纠正：不要在手臂拉动过程中利用重心的移动来完成动作，这会降低训练效果和动作质量。

图3-10 弹力带直臂下压

九、站姿弹力带推胸

（一）训练目的

增强上肢肌群力量：受训者通过弹力带推胸训练动作，提高上肢支撑力量。

（二）准备姿势

选择平整、软硬适中的垫子或者平面，受训者两手握弹力带拳心相对，大臂与身体大约呈45°夹角，保护者站于其身后拉直弹力带。

（三）动作过程

移动过程：将弹力带缓缓用力向前推直，至手臂自然伸直，然后缓慢放下至起始位置（图3-11）。

（四）常见错误及纠正

身体前倾借力。纠正：身体保持直立，避免前倾。

图3-11 站姿弹力带推胸

十、双人斜角俯卧撑

（一）训练目的

1. 增强上肢肌群力量

受训者通过双人配合完成斜角俯卧撑，提高上肢力量，在完成过程中核心保持稳定，提高核心能力。

2. 提升运动表现

受训者通过训练提升上肢的运动表现和运动能力。

3. 改善体态

解决胸部力量不足导致的体态问题，如含胸驼背。

（二）准备姿势

选择平整、软硬适中的垫子或者平面，确保训练安全高效。双人面对面站立，身体斜支撑，双人四手相握。

（三）动作过程

核心收紧：在整个动作过程中，腹部肌肉保持紧张状态，保持肩、髋、膝、踝在一条直线上,以帮助维持身体的稳定性。

移动过程:两人同时两臂弯曲,彼此靠近,两人再同时发力将手臂伸直(图3-12)。

呼吸方式:两人均采用腹式呼吸方式,两臂弯曲时呼气,还原时吸气。

动作感觉:感受胸部、大臂后侧发力。

(四)常见错误及纠正

1. 身体倾斜角度过大,完成动作困难

纠正:选取适合的弯曲角度,保证安全的同时提高训练效果。

2. 两人两手臂发力不一致导致无法完成动作

纠正:两人发力要做到同步。

图3-12 双人斜角俯卧撑

十一、双人跪姿击掌俯卧撑

(一)训练目的

1. 增强上肢肌群力量

受训者通过双人跪姿击掌俯卧撑训练动作强化胸部肌肉、手臂肌肉的力量。

2. 提升运动表现

提升上肢肌肉力量的同时提高爆发力,有助于运动中爆发用力。

3. 改善体态

解决胸部力量不足导致的体态问题,如含胸驼背。

(二)准备姿势

选择平整、软硬适中的垫子或者平面,确保训练安全高效。两人相对跪于地面,两脚与肩部同宽,两手之间距离约为肩宽的1.5倍,两人头部相距30~50厘米。

(三)动作过程

核心收紧:在整个动作过程中,腹部肌肉保持紧张状态,保持肩、髋、膝、踝在一条直线上，以帮助维持身体的稳定性。

移动过程：两臂弯曲，降低身体重心，使胸部几乎触地；两臂用力快速推地面，使上身尽可能高地远离地面，两人在空中击掌，然后两手臂屈臂缓冲，呈准备姿势（图3-13）。

呼吸方式：两人均采用腹式呼吸方式，两臂弯曲时呼气，还原时吸气。

动作感觉：感受胸部、大臂后侧发力。

（四）常见错误及纠正

常见的错误包括直臂平板支撑时肩、髋、膝、踝没有在一条直线上，出现塌腰、提臀导致腰椎损伤；两人推地时机不一致导致无法完成击掌动作。为了避免这些错误应做到核心收紧感受核心发力；一人下达口令进行训练。

图3-13 双人跪姿击掌俯卧撑

十二、双人跪姿单手击掌俯卧撑

（一）训练目的

1. 增强上肢肌群力量

受训者通过双人跪姿单手击掌俯卧撑训练动作强化胸部肌肉、手臂肌肉的力量。

2. 提升运动表现

提升上肢肌肉力量的同时提高爆发力，有助于运动中爆发用力。

3. 改善体态

解决胸部力量不足导致的体态问题，如含胸驼。

（二）准备姿势

选择平整、软硬适中的垫子或者平面，确保训练安全高效。两人相对跪于地面，两脚与肩部同宽，两手距离约为肩宽的1.5倍，两人头部相距30~50厘米。

（三）动作过程

核心收紧：在整个动作过程中，腹部肌肉保持紧张状态，保持肩、髋、膝、踝在一条直线上，以帮助维持身体的稳定性。

移动过程：两臂弯曲，降低身体重心使胸部几乎触地。两臂用力推地面，上身起来的时候双方一左手一右手完成击掌，然后两手臂屈臂缓冲，呈准备姿势（图3-14）。

呼吸方式：两人均采用腹式呼吸方式，两臂弯曲时呼气，还原时吸气。

动作感觉：感受胸部、大臂后侧发力。

（四）常见错误及纠正

背部出现弯曲或塌背，对腰部压力过大。纠正：手臂支撑点稍向前，背部保持挺直，缓解腰部压力。

图3-14 双人跪姿单手击掌俯卧撑

十三、双龙爬行

（一）训练目的

1. 增强上肢肌群力量

受训者通过向前爬行，提高上肢支撑力量及核心力量。

2. 提升运动表现

受训者通过上下肢协调发力，提高身体协调性、核心稳定性。

（二）准备姿势

选择平整、软硬适中的垫子或者平面，确保训练安全高效。两人朝向一个方向，成直臂俯卧姿势。

（三）动作过程

核心收紧：在整个动作过程中，腹部肌肉保持紧张状态，保持肩、髋、膝、踝在一条直线上，以帮助维持身体的稳定性。

移动过程：两人同时向前爬行，爬行中一侧手臂向前，另一侧腿屈膝触碰后侧手臂的肘部，交替向前行进（图3-15）。

（四）常见错误及纠正

1. 爬行动作不协调，出现同手同脚的现象

纠正：原地进行动作练习，熟悉后再进行爬行练习。

2. 臀部过高，导致爬行时核心和上肢训练效果减弱

纠正：降低臀部，与肩同高，保证训练效果。

图3-15 双龙爬行

第二节　中级上肢训练动作

一、仰卧起坐俯卧撑

（一）训练目的

1. 增强上肢肌群力量

受训者通过俯卧撑训练动作强化上肢力量和胸大肌力量；通过仰卧起坐强化腹部力量，增强核心稳定性。重点锻炼胸大肌、肱三头肌、核心肌群等肌肉。

2. 提升运动表现

增强上肢力量、核心的稳定性，提升上肢爆发力，提升运动表现。

3. 改善体态

解决上肢力量、核心力量不足导致的体态问题，如含胸驼背。

（二）准备姿势

选择合适的负重人员，在平整、软硬适中的垫子或者平面上训练，确保安全高效。一人仰卧在垫子上，两腿弯曲，至大小腿约90°，两脚距离与肩部同宽或略比肩宽，另一人扶其膝关节进行直臂平板支撑。

（三）动作过程

核心收紧：仰卧起坐人员在整个动作过程中保持腹部持续发力。俯卧撑人员在整个动作过程中保持腹部肌肉的紧张状态，以帮助维持身体的稳定性。

移动过程：仰卧起坐的人员两手放于胸前交叉，腹直肌主动发力至两肘关节接触两膝关节，然后缓慢还原成准备姿势，在进行还原的过程中俯卧撑人员缓慢弯曲两臂至大臂与地面平行，两人交替训练（图3-16）。

呼吸方式：仰卧起坐人员采用胸式呼吸方式，腹直肌收缩时呼气，还原时吸气。俯卧撑人员采用腹式呼吸方式，两臂弯曲时呼气，还原时吸气。

动作感觉：仰卧起坐人员感受核心发力，俯卧撑人员感受胸部、大臂后侧发力。

结束动作：一组动作完成后，两人交换，重复练习。完成训练后，俯卧撑人员主动将仰卧起坐人员扶起。两人相互放松胸部、大臂、肢核心等肌群。

(四)常见错误及纠正

1. 两人配合不默契导致头部相撞

纠正：两人依次训练，避免头部相撞。

2. 两脚分开距离太小导致俯卧撑人员无法完成俯卧撑

纠正：两脚与肩部同宽或略比肩宽。

图3-16 仰卧起坐俯卧撑

二、平板臂屈伸

(一)训练目的

1. 增强上肢肌群力量

受训者通过臂屈伸训练动作强化上肢力量、肱三头肌力量；通过平板支撑强化腹部力量，增强核心稳定性。重点锻炼胸大肌、肱三头肌、核心肌群等肌肉。

2. 提升运动表现

增强上肢力量、核心的稳定性，提升上肢爆发力、在静止状态下维持核心稳定的能力，有助于提升对抗项目中的运动表现，同时降低大强度训练导致的损伤风险。

3. 改善体态

解决上肢力量、核心力量不足导致的体态问题，如含胸驼背。

（二）准备姿势

在平整、软硬适中的垫子或者平面上训练，确保安全高效。一人进行平板支撑练习，另一人背对同伴，两手一手扶同伴腰部，一手扶同伴大腿根部，两腿前伸，自然弯曲，足跟着地。

（三）动作过程

核心收紧：平板支撑人员在整个动作过程中保持大小臂直角，小臂及手部接触地面，两小臂支撑点在胸部下方，保持腹部肌肉的紧张状态，保持肩、髋、膝、踝在一条直线上，以帮助维持身体的稳定性。

移动过程：平板支撑人员保持静止状态，臂屈伸人员将手臂缓慢弯曲至肘关节高于肩关节，再缓慢恢复至准备姿势（图3-17）。

呼吸方式：平板支撑人员采用胸式呼吸方式，匀速缓慢呼吸。臂屈伸人员采用腹式呼吸方式，手臂向下时呼气，还原时吸气。

动作感觉：平板支撑人员感受核心发力，臂屈伸人员感受大臂后侧、胸部发力。

结束动作：一组动作完成后，两人交换，重复练习。完成训练后，臂屈伸人员主动将平板支撑人员扶起。两人相互放松胸部、大臂、肢核心等肌群。

（四）常见错误及纠正

1. 平板支撑人员肩、髋、膝、踝没有在一条直线上，出现塌腰、提臀等现象

纠正：核心收紧，感受核心发力。

2. 臂屈伸人员肘关节未高于肩关节，影响训练质量和效果

纠正：肘关节高于肩关节。

3. 两肘关节过分外展，导致肩关节损伤

纠正：两肘向后屈伸。

图3-17　平板臂屈伸

三、翻山俯卧撑

（一）训练目的

1. 增强上肢肌群力量

受训者通过俯卧撑训练动作强化上肢力量、胸大肌力量；通过平板支撑强化腹部力量，增强核心稳定性。重点锻炼胸大肌、肱三头肌、核心肌群等肌肉。

2. 提升运动表现

增强上肢力量、核心的稳定性，提升上肢爆发力、在静止状态下维持核心稳定的能力，有助于提升对抗项目中的运动表现，同时降低大强度训练导致的损伤风险。

3. 改善体态

解决上肢力量、核心力量不足导致的体态问题，如含胸驼背等。

（二）准备姿势

在平整、软硬适中的垫子或者平面上训练，确保安全高效。一人进行平板支撑练习，另一人与平板支撑人员同一方向，保持俯卧撑准备姿势。

（三）动作过程

核心收紧：平板支撑人员在整个动作过程中保持大小臂直角，小臂及手部接触地面，两小臂支撑点在胸部下方，保持腹部肌肉的紧张状态，保持肩、髋、膝、踝在一条直线上，以帮助维持身体的稳定性。俯卧撑人员在运动过程中，保持腹部肌肉的紧张状态，保持肩、髋、膝、踝在一条直线上，以帮助维持身体的稳定性。

移动过程：平板支撑人员保持静止状态，俯卧撑人员两手距离约为肩宽的1.5倍，两手位置在胸部下方，两臂缓慢弯曲至肘关节高于肩关节，然后还原成准备姿势，两手交替靠近同伴，一只手放于同伴肩部，另一只手触地面，再进行一次俯卧撑，再还原成准备姿势，两手交替再次向同伴方向移动，至两手都放于同伴肩部再进行一次俯卧撑，再还原成准备姿势，两手交替靠近同伴，再次呈现一只手触地面另一只手放于同伴肩部，再进行一次俯卧撑，再次移动至两手触地面，再进行一次俯卧撑（图3-18）。

呼吸方式：平板支撑人员采用胸式呼吸方式，匀速缓慢呼吸。俯卧撑人员采用腹式呼吸方式，手臂向下时呼气，还原时吸气。

动作感觉：平板支撑人员感受核心发力，俯卧撑人员感受大臂后侧、胸部发力。

结束动作：一组动作完成后，两人交换，重复练习。完成训练后，俯卧撑人员主动将平板支撑人员扶起。两人相互放松胸部、大臂、肢核心等肌群。

（四）常见错误及纠正

平板支撑人员肩、髋、膝、踝没有在一条直线上，出现塌腰、提臀等现象。纠错：应做到核心收紧感受核心发力。俯卧撑人员肘关节未高于肩关节，影响训练质量和效果。纠正：应做到肘关节高于肩关节，两肘离合。两臂过分外展，导致肩关节损伤。纠正：使大臂与躯干的夹角处于45°~60°。

图3-18 翻山俯卧撑

四、平行俯卧撑

（一）训练目的

1. 增强上肢肌群力量

受训者通过俯卧撑训练动作强化上肢力量、胸大肌力量；通过平板支撑强化腹部力量，增强核心稳定性。重点锻炼胸大肌、肱三头肌、核心肌群等肌肉。

2. 提升运动表现

增强上肢力量、核心的稳定性，提升上肢爆发力、在静止状态下维持核心稳定的能力，有助于提升对抗项目中的运动表现，同时降低大强度训练导致的损伤风险。

3. 改善体态

解决因上肢力量、核心力量不足导致的体态问题，如含胸驼背。

（二）准备姿势

在平整、软硬适中的垫子或者平面上训练，确保安全高效。一人进行直臂支撑，两手距离约为肩宽的1.5倍，两手位置在胸部下方，两腿分开距离约为肩宽的1.5倍，另一人处于同伴的后侧，两手扶同伴脚踝，进行直臂支撑。

（三）动作过程

核心收紧：两人在整个动作过程中保持腹部肌肉的紧张状态，保持肩、髋、膝、踝在一条直线上，以帮助维持身体的稳定性。

移动过程：两人同一时间进行屈臂，同时保持两肘关节内收，使大臂与躯干之间的夹角控制在45°~60°，至肘关节高于肩关节，然后将手臂缓慢伸直，重复练习（图3-19）。

呼吸方式：采用腹式呼吸方式，手臂向下时呼气，还原时吸气。

动作感觉：感受大臂后侧、胸部发力。

结束动作：一组动作完成后，两人交换，重复练习。完成训练后，俯卧撑主动将平板人员扶起。两人相互放松下肢核心等肌群。

（四）常见错误及纠正

肩、髋、膝、踝没有在一条直线上出现塌腰、提臀等现象。纠正：应做到核心收紧感受核心发力。肘关节未高于肩关节，影响训练质量和效果。纠正：应做到肘关节高于肩关节，两肘离合。

图3-19　平行俯卧撑

五、伙伴小推车

（一）训练目的

1. 增强上肢肌群力量

受训者通过平板支撑提升静态下核心肌肉的稳定能力，通过两手交替向前移动提升肩部稳定性，增强肩部肌肉。

2. 提升运动表现

增强核心的稳定性，提升在静止状态下维持核心稳定的能力，有助于提升对抗项目中的运动表现，同时降低大强度训练导致的损伤风险。受训者通过两手交替向前移动可以提高肩关节的稳定性，提升上肢的运动表现和运动能力。

3. 改善体态

解决核心力量不足或肩关节力量不足导致的体态问题，如含胸驼背、溜肩问题。

（二）准备姿势

选择合适的平整、软硬适中的垫子或者平面，确保训练安全高效。一人进行直臂平板支撑练习，另一人站于同伴身后约1.5米的位置，两手抓握同伴的脚踝部位，拉起成站立姿势。

（三）动作过程

核心收紧：直臂平板支撑人员在整个动作过程中保持腹部肌肉的紧张状态，保持肩、髋、膝、踝在一条直线上，以帮助维持身体的稳定性。

移动过程：直臂平板支撑人员两手交替向前移动，后侧抓握脚踝人员前进速度要和两手交替前移的速度相同，缓慢匀速前进（图3-20）。

呼吸方式：直臂平板支撑人员采用胸式呼吸方式，匀速缓慢呼吸。后侧抓握脚踝人员采用腹式呼吸方式，匀速缓慢呼吸。

动作感觉：直臂平板支撑人员感受核心、肩部发力。后侧抓握脚踝人员感受核心、小臂发力。

结束动作：一组动作完成后，两人交换，重复练习。完成训练后，后侧抓握脚踝人员主动将直臂平板支撑人员的脚踝放下，再将其扶起。两人相互放松核心、肩部等肌群。

（四）常见错误及纠正

直臂平板支撑人员肩、髋、膝、踝没有在一条直线上出现塌腰、提臀导致腰椎损伤。纠正：核心收紧感受核心发力。后侧抓握脚踝人员跑动速度过快，导致直臂平板支撑爬行人员重心过度前移，而摔倒。纠正：两人的速度应该同步，匀速进行。

图3-20　伙伴小推车

六、过顶推举

（一）训练目的

1. 增强上肢肌群力量

受训者通过过顶推举训练动作强化肩部肌肉、提升肩部稳定性。

2. 提升运动表现

受训者通过过顶推举提高肩关节力量，提升上肢的运动表现和运动能力。

3. 改善体态

解决肩关节力量不足导致的体态问题，如溜肩问题。

（二）准备姿势

选择高低合适的座椅或者平面，确保训练安全高效。一人坐在平面上，两臂上举，另一人站于同伴身后约0.5米的位置，与同伴两掌相对。

（三）动作过程

移动过程：坐姿上举者两手臂稍微内收，缓慢将手臂伸直，然后再次缓慢还原至大臂与地面平行，同伴在此过程给予恒定向下的阻力（图3-21）。

呼吸方式：坐姿上举者采用胸式呼吸方式，向上时呼气，向下时吸气。

动作感觉：坐姿上举者感受肩部发力。

（四）常见错误及纠正

坐姿上举者两肘招展过大，导致肩峰撞击，产生肩部疼痛。纠正：为了避免这些错误应做到上举时两肘稍微内收，上举时手臂不完全伸直。给阻力人员的阻力忽大忽小，降低训练效果。纠正：给阻力人员给出阻力的速度、力量要有所控制。

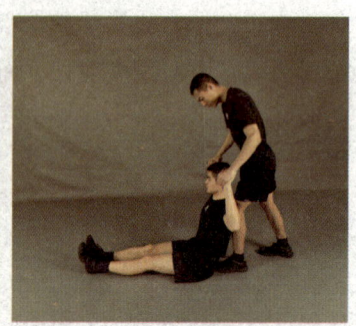

图3-21 过顶推举

七、双人上俯下推

（一）训练目的

1. 增强上肢肌群力量

受训者通过双人配合完成臂屈伸，提高上肢力量，在完成过程中核心保持稳定，提高核心能力。

2. 提升运动表现

受训者通过双人臂屈伸，提升上肢的运动表现和运动能力。

3. 改善体态

解决胸部力量不足导致的体态问题，如含胸驼背。

（二）准备姿势

选择平整、软硬适中的垫子或者平面，确保训练安全高效。一人仰卧于地面两脚并拢，另一人俯卧于同伴上方，两脚与肩部同宽，两人两手距离约为肩宽的1.5倍，两人两掌相对，手臂伸直。

（三）动作过程

核心收紧：在整个动作过程中，腹部肌肉保持紧张状态，保持肩、髋、膝、踝在一条直线上，以帮助维持身体的稳定性。

移动过程：两人同时两臂弯曲，两人两大臂平行于地面时，两人同时发力再将手臂伸直（图3-22）。

呼吸方式：两人均采用腹式呼吸方式，两臂弯曲时呼气，还原时吸气。

动作感觉：感受胸部、大臂后侧发力。

（四）常见错误及纠正

俯卧人员肩、髋、膝、踝没有在一条直线上出现塌腰、提臀导致腰椎损伤。纠正：核心收紧感受核心发力。两人两手臂发力不一致导致无法完成动作。纠正：两人发力要做到同步。

图3-22 双人上俯下推

八、双人单手击掌俯卧撑

（一）训练目的

1. 增强上肢肌群力量

受训者通过双人单手击掌俯卧撑训练动作强化胸部肌肉、手臂肌肉的力量。

2. 提升运动表现

提升上肢肌肉力量的同时提高爆发力，有助于运动中爆发用力。

3. 改善体态

解决胸部力量不足导致的体态问题，如含胸驼背。

（二）准备姿势

选择平整、软硬适中的垫子或者平面，确保训练安全高效。两人相对支撑于地面，两脚与肩部同宽，两手距离约为肩宽的1.5倍，两人头部相距30~50厘米。

（三）动作过程

核心收紧：在整个动作过程中，腹部肌肉保持紧张状态，保持肩、髋、膝、踝在一条直线上，以帮助维持身体的稳定性。

移动过程：两臂弯曲，降低身体重心使胸部几乎触地；两臂用力推地面，上身起来的时候双方一左手一右手完成击掌，然后两手臂屈臂缓冲，呈准备姿势（图3-23）。

呼吸方式：两人均采用腹式呼吸方式，两臂弯曲时呼气，还原时吸气。

动作感觉：感受胸部、大臂后侧发力。

（四）常见错误及纠正

背部出现弯曲或塌背，对腰部压力过大。纠正：手臂支撑点稍向前，背部保持挺直，减少对腰部的压力。

图3-23　双人单手击掌俯卧撑

九、双人前后移动俯卧撑

（一）训练目的

1. 增强全身力量

受训者通过前后移动俯卧撑，能够提升上肢、下肢和核心力量。

2. 提升运动表现

在全身多肌群参与的运动过程中，不仅可以提升肌肉力量，还可以提高身体协调性。

（二）准备姿势

选择平整、软硬适中的垫子或者平面，两人俯撑于地面，面对面，双手位于肩部正下方，手臂与地面保持垂直，不要塌腰或撅臀，保持正常生理曲线，背部挺直。

（三）动作过程

移动过程：一侧手臂向前伸展的同时，对侧的腿屈膝，膝盖尽可能贴紧肘部，与手臂协调配合，两手臂交替前行，然后回到起始姿势；在练习过程中保持核心始终收紧，稳定身体；同伴的动作相同，方向相反（图3-24）。

（四）常见错误及纠正

1. 身体出现晃动和上下起伏的情况

纠正：核心保持稳定，提高身体稳定性。

2. 手脚不协调，出现同手同脚的情况

纠正：手脚协调配合，可以先伸手臂，再收腿，协调后二者再同时进行。

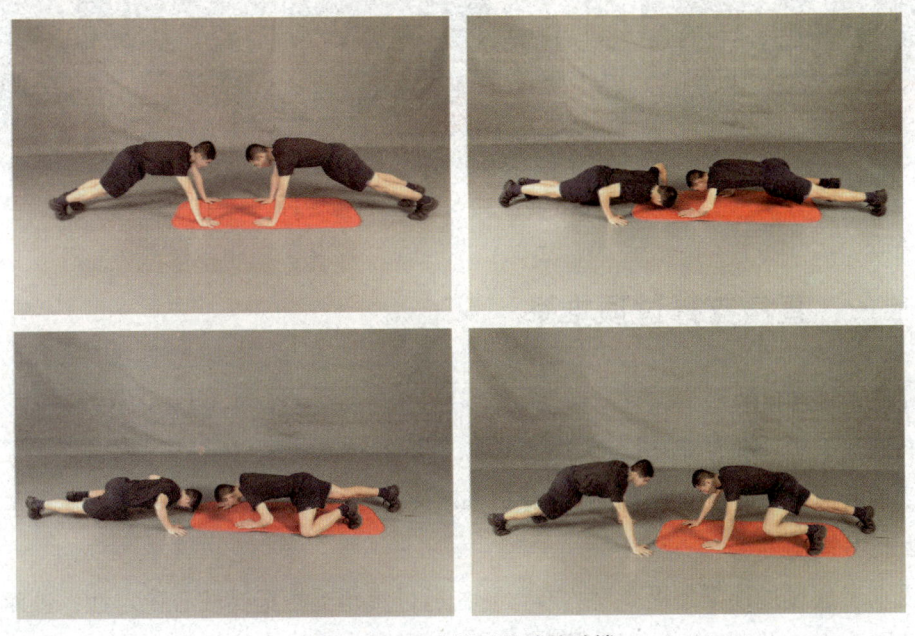

图3-24 双人前后移动俯卧撑

十、四点支撑俯卧撑

（一）训练目的

1. 增强全身力量

受训者通过四点支撑俯卧撑训练动作，能够提升上肢、下肢和核心力量。

2. 提升运动表现

在全身多肌群参与的运动过程中，不仅可以提升肌肉力量，还能提高身体协调性。

（二）准备姿势

选择平整软硬适中的垫子或者平面，一人俯撑于地面，膝盖着地，小腿与地面平行，大腿与地面垂直，另一名同伴俯撑于同伴背部。

（三）动作过程

移动过程：一名同伴维持身体稳定，另一名同伴做俯卧撑（图3-25）。

（四）常见错误及纠正

身体出现晃动和上下起伏的情况。纠正：核心保持稳定，提高身体稳定性。

图3-25 四点支撑俯卧撑

十一、直角支撑过顶推举

（一）训练目的

1. 增强上肢肌群力量

受训者通过过顶推举训练动作强化肩部肌肉、提升肩部稳定性。

2. 提升运动表现

受训者通过过顶推举提高肩关节力量，通过直角支撑提高核心稳定性，进而提升上肢及核心的运动表现和运动能力。

3. 改善体态

解决肩关节力量不足导致的体态问题，如溜肩。

（二）准备姿势

选择高低合适的座椅或者平面，确保训练安全高效。一人坐于平面上，两臂上举，同时两腿并拢两脚抬离地面，为一人站于同伴身后约0.5米的位置，与同伴两掌相对。

（三）动作过程

移动过程：坐姿上举者两手臂稍微内收，缓慢将手臂伸直，然后再次缓慢还原至大臂与地面平行，同伴在此过程给予恒定向下的阻力（图3-26）。

呼吸方式：坐姿上举人员采用胸式呼吸方式，向上时呼气，向下时吸气。

动作感觉：坐姿上举人员感受肩部发力。

（四）常见错误及纠正

1. 坐姿上举人员两肘招展过大，导致肩峰撞击，产生肩部疼痛

纠正：为了避免这些错误应做到上举时两肘稍微内收，手臂不完全伸直。

2. 给阻力人员给出的阻力忽大忽小，降低训练效果

纠正：给阻力人员给出阻力的速度、力量要有所控制。

图3-26　直角支撑过顶推举

第三节　高级上肢训练动作

一、伙伴推车爆发俯卧撑

（一）训练目的

1. 增强上肢肌群力量

受训者通过伙伴推车爆发俯卧撑训练动作提高上肢肌群力量，并提高核心控制能力。

2. 提升运动表现

增强核心的稳定性，提升在静止状态下维持核心稳定的能力，有助于提升对抗项目中的运动表现，提升上肢的运动表现和运动能力。

（二）准备姿势

选择平整、软硬适中的垫子或者平面，确保训练安全高效。一人进行直臂平板支撑练习，另一人站于同伴身后约1.5米的位置，两手抓握同伴的脚踝部位，拉起成站立姿势。

（三）动作过程

核心收紧：直臂平板支撑人员在整个动作过程中保持腹部肌肉的紧张状态，保持肩、髋、膝、踝在一条直线上，以帮助维持身体的稳定性。

移动过程：直臂平板支撑人员两手曲臂使胸部贴紧地面，爆发时推离地面，向前虎扑式前进，后侧抓握脚踝人员前进速度要和两手虎扑前行的速度相同，缓慢匀速前进（图3-27）。

呼吸方式：直臂平板支撑人员采用胸式呼吸方式，缓慢匀速呼吸。后侧抓握脚踝人员采用腹式呼吸方式，缓慢匀速呼吸。

动作感觉：直臂平板支撑人员感受核心、肩部发力。后侧抓握脚踝人员感受核心、小臂发力。

结束动作：一组动作完成后，两人交换，重复练习。完成训练后，后侧抓握脚踝人员主动将直臂平板支撑人员的脚踝放下，再将其扶起。两人相互放松核心、肩部等肌群。

（四）常见错误及纠正

1. 向前虎扑动作过小，屈臂幅度不够

纠正：降低身体重心，大胆发力，提高上肢爆发力，这一动作要求较高，注意要有一定力量基础。

2. 后推伙伴速度与前进者速度步调不一致

纠正：减缓推车速度，避免受伤，缓慢发力，不要猛推。

图3-27 伙伴推车爆发俯卧撑

二、叠加俯卧撑

（一）训练目的

1. 增强上肢肌群力量

受训者通过叠加俯卧撑训练动作提升胸部肌肉力量、上肢爆发力、肩部稳定性和核心稳定性。

2. 提升运动表现

受训者通过叠加俯卧撑训练动作提高团结协作意识，强化上肢力量，提升在推的运动模式上的运动表现。

3. 改善体态

解决胸部力量不足导致的体态问题，如含胸低头等。

（二）准备姿势

选择平整、软硬适中的垫子或者平面，确保训练安全高效。两人相对站立，前侧一人俯卧于地面，两手距离约为肩的1.5倍，两脚分开距离约为肩的1.5倍，另一人将两脚搭于同伴肩部，两手两手抓握同伴的脚踝部位。

（三）动作过程

核心收紧：在整个动作过程中，腹部肌肉保持紧张状态，保持肩、髋、膝、踝在一条直线上，以帮助维持身体的稳定性。

移动过程：两人同步进行，大臂与躯干的夹角控制在45°~60°，两臂弯曲，降低身体重心，小臂垂直，大臂平行地面。然后将手臂缓慢伸直，呈准备姿势（图3-28）。

呼吸方式：两人均采用腹式呼吸方式，两臂弯曲时呼气，还原时吸气。

动作感觉：感受胸部、大臂后侧发力。

结束动作：一组动作完成后，下面的受训者胸部触及地面，施加负重的同伴再起立，主动将受训者扶起，两人上下交换位置，重复练习。两人相互放松上肢等肌群。

（四）常见错误及纠正

肩、髋、膝、踝没有在一条直线上，出现塌腰、提臀导致腰椎损伤。纠正：核心收紧感受核心发力。两人发力时机不一致导致动作无法完成。纠正：一人下达口令进行训练，尽可能使两人的动作节奏一致。

图3-28 叠加俯卧撑

三、俯撑V字臂屈伸

（一）训练目的

1. 增强上肢肌群及核心力量

受训者通过叠加俯撑V字臂屈伸训练动作提升上肢肌肉力量、肩部稳定性、核心稳定性。

2. 提升运动表现

强化上肢力量，提升在推的运动模式上的运动表现。

（二）准备姿势

选择平整、软硬适中的垫子或者平面，确保训练安全高效。两人相对站立，前侧一人抓对方脚踝，后侧一人双手撑地，臀部抬离地面使身体呈V字形。

（三）动作过程

核心收紧：在整个动作过程中，腹部肌肉保持紧张状态，保持肩、髋、膝、踝在一条直线上，以帮助维持身体的稳定性。

移动过程：一人做臂屈伸练习，另一人抓稳脚踝做蹲起练习（图3-29）。

呼吸方式：两人均采用腹式呼吸方式，两臂弯曲时呼气，还原时吸气。

（四）常见错误及纠正

1. 受训者屈髋过多，没有呈V字形

纠正：提升屈髋幅度，减小屈髋角度，提升对肱三头肌的刺激程度。

2. 两人发力时机不一致导致动作无法完成

纠正：一人下达口令进行训练，尽可能使两人的动作节奏一致。

图3-29 俯撑V字臂屈伸

四、倒立俯卧撑

（一）训练目的

1. 增强上肢、肩部核心肌群力量

受训者通过倒立俯卧撑提升静态下核心肌肉的稳定能力，强化三角肌力量，提升肩关节的稳定性。

2. 提升运动表现

增强核心、肩部的稳定性，提升在静止状态下维持核心稳定的能力，有助于提升对抗项目中的运动表现，同时降低大强度训练导致的损伤风险。

3. 改善体态

解决核心力量不足导致的体态问题，如含胸驼背、骨盆前倾等。

（二）准备姿势

选择平整、软硬适中的垫子或者平面，确保训练安全高效。一人保持直臂平板支撑姿势，两手距离约为肩的1.5倍，另一人站于同伴身后约1.5米的位置，两手抓握同伴的脚踝部位，将其拉起成倒立姿势。

（三）动作过程

核心收紧：倒立俯卧撑人员在整个动作过程中保持腹部肌肉的紧张状态，保持肩、髋、膝、踝在一条直线上，以帮助维持身体的稳定性。

移动过程：后侧抓握脚踝人员，将同伴的脚部位置抬高，倒立俯卧撑人员两手交替后移，至肩角呈180°角进行倒立，大小臂缓慢弯曲至大臂与地面平行，两臂缓慢伸直，重复训练（图3-30）。

呼吸方式：倒立俯卧撑人员采用胸式呼吸方式，缓慢匀速呼吸。后侧抓握脚踝人员采用腹式呼吸方式，缓慢匀速呼吸。

动作感觉：倒立俯卧撑人员感受肩部、大臂发力。后侧抓握脚踝人员感受下肢、核心、小臂、肩部发力。

结束动作：完成训练后，首先将倒立俯卧撑人员的两脚放置于地面之上，然后让其自己起立。一组动作完成后，两人交换，重复练习。两人相互放松下肢、核心等肌群。

（四）常见错误及纠正

常见的错误包括倒立俯卧撑人员肩、髋、膝、踝没有在一条直线上出现塌腰、提臀导致腰椎损伤；后侧抓握脚踝人员抬腿速度与同伴后爬速度不一致，导致重心过度向后，同伴摔伤。为了避免这些错误应做到核心收紧感受核心发力。

图3-30 倒立俯卧撑

五、俯卧撑交替伸手抬腿

（一）训练目的

1. 增强上肢肌群及核心力量

受训者通过训练强化胸部肌肉、手臂肌肉的力量，并通过交替伸手抬腿提高核心能力。

2. 提升运动表现

提升上肢肌肉力量的同时提高爆发力，有助于运动中爆发用力。

3. 改善体态

解决胸部力量不足导致的体态问题，如含胸驼背。

（二）准备姿势

选择平整、软硬适中的垫子或者平面，确保训练安全高效。两人相对跪于地面，两脚与肩部同宽，两手距离约为肩宽的1.5倍，两人头部相距30~50厘米。

（三）动作过程

核心收紧：在整个动作过程中，腹部肌肉保持紧张状态，保持肩、髋、膝、踝在一条直线上,以帮助维持身体的稳定性。

移动过程:两臂弯曲,降低身体重心使胸部几乎触地。两人一侧臂伸直完成击掌,一侧腿抬离地面,然后两手臂屈臂缓冲,呈准备姿势(图3-31)。

呼吸方式:两人均采用腹式呼吸方式,两臂弯曲时呼气,还原时吸气。

动作感觉:感受胸部、大臂后侧发力。

（四）常见错误及纠正

背部出现弯曲或塌背,对腰部压力过大。纠正:手臂支撑点稍向前,背部保持挺直,缓解腰部压力。

图3-31　俯卧撑交替伸手抬腿

六、双人双臂俯卧撑

（一）训练目的

1. 增强上肢肌群力量

受训者通过双人双臂俯卧撑训练动作提升胸部肌肉力量、上肢爆发能力,提高肩部稳定性。

2. 提升运动表现

通过双人双臂俯卧撑提高团结协作意识,强化上肢力量,提升在推的运动模式上的运动表现。

3. 改善体态

解决胸部力量不足导致的体态问题,如含胸低头。

（二）准备姿势

选择平整、软硬适中的垫子或者平面,确保训练安全高效。两人同一方向俯卧于地面,两人相互一只手扶对方肩部,另一只手扶地面,两臂伸直。

（三）动作过程

核心收紧：在整个动作过程中，腹部肌肉保持紧张状态，保持肩、髋、膝、踝在一条直线上，以帮助维持身体的稳定性。

移动过程：大臂与躯干的夹角控制在45°~60°，两臂弯曲，降低身体重心，大小臂呈现垂直，大臂平行于地面，然后将手臂缓慢伸直，呈准备姿势（图3-32）。

呼吸方式：两人均采用腹式呼吸方式，两臂弯曲时呼气，还原时吸气。

动作感觉：感受胸部、大臂后侧发力。

结束动作：一组动作完成后，两人同时弯曲手臂至胸部触地，两人将手还原到准备姿势，两人左右交换位置，重复练习。两人相互放松上肢等肌群。

（四）常见错误及纠正

在进行俯卧撑动作时，肩、髋、膝、踝没有在一条直线上出现塌腰、提臀导致腰椎损伤。纠正：核心收紧感受核心发力。两人发力时机不一致导致动作无法完成。纠正：一人下达口令进行训练。

图3-32 双人双臂俯卧撑

七、双人平台俯卧撑

（一）训练目的

1. 增强上肢肌群力量

受训者通过双人平台俯卧撑训练提升胸部肌肉力量、上肢爆发力，提高肩部稳定性。

2. 提升运动表现

受训者通过双人平台俯卧撑提高团结协作意识，强化上肢力量，提升在推的运动模式上的运动表现。

3. 改善体态

解决胸部力量不足导致的体态问题，如含胸低头。

（二）准备姿势

选择平整、软硬适中的垫子或者平面，确保训练安全高效。两人面对面站立，一人俯卧于地面，两手距离约为肩的1.5倍，两脚分开略比肩宽，另一人两臂伸直，两手扶同伴肩部。

（三）动作过程

核心收紧：在整个动作过程中，腹部肌肉保持紧张状态，保持肩、髋、膝、踝在一条直线上，以帮助维持身体的稳定性。

移动过程：两人的大臂与躯干的夹角控制在45°~60°，两臂弯曲，降低身体重心，大小臂呈现垂直，大臂平行于地面，然后将手臂缓慢伸直，呈准备姿势（图3-33）。注意两人要做到同步进行训练。

呼吸方式：两人均采用腹式呼吸方式，两臂弯曲时呼气，还原时吸气。

动作感觉：感受胸部、大臂后侧发力。

结束动作：一组动作完成后，下面的受训者胸部触及地面，施加负重的同伴起立，主动将下面的受训者扶起，两人上下交换位置，重复练习。两人相互放松上肢等肌群。

（四）常见错误及纠正

肩、髋、膝、踝没有在一条直线上出现塌腰、提臀导致腰椎损伤。纠正：核心收紧感受核心发力。双臂发力不一样，导致身体左右晃动，导致动作无法完成。

纠正：双臂同时发力完成动作。

图3-33 双人平台俯卧撑

八、仰卧臂屈伸

（一）训练目的

增强肱二头肌力量：受训者通过仰卧臂屈伸练习，提高肱二头肌力量。

（二）准备姿势

选择平整、软硬适中的垫子或者平面，确保训练安全高效。受训者站立，两脚与肩同宽或稍宽于肩，配合者身体斜支撑于地面，处于受训者胯下，双手经受训者背后紧握其手臂。

（三）动作过程

移动过程：受训者背部挺直，双手发力，将配合者拉起，然后缓慢还原，做离心退让式收缩。

呼吸方式：采用胸式呼吸方式，拉起时呼气，还原时吸气。

动作感觉：背部保持挺直同时适当下降，练习时下背部和腘绳肌有明显受力感觉。

（四）常见错误及纠正

1. 身体没有呈一条直线，屈髋过多

纠正：注意顶髋，保持身体呈一条直线。

2. 下放速度过快，受训者存在摔伤风险

纠正：发力时要有控制上拉，下放时要慢慢做离心运动，避免造成损伤。

图3-34　仰卧臂屈伸

九、双人俯身划船

（一）训练目的

1. 增强上肢肌群力量

受训者通过双人俯身划船训练动作提升背部肌肉力量、上肢爆发力，提高肱二头肌、肩部稳定性。

2. 提升运动表现

受训者通过双人俯身划船动作在提高团结协作意识，强化上肢力量提升在拉的运动模式上的运动表现。

3.改善体态

解决背部力量不足导致的体态问题,如含胸低头。

（二）准备姿势

选择合适的负重人员,在平整、软硬适中的垫子或者平面上训练,确保安全高效。两人相对站立,两人相距1米,一人仰卧于地面,两手与同伴互抓手腕,两脚左右开立,与肩部同宽。

（三）动作过程

核心收紧:仰卧于地面人员在整个动作过程中保持腹部肌肉的紧张状态,保持肩、髋、膝、踝在一条直线上,以帮助维持身体的稳定性。

移动过程:两脚开立与肩同宽,屈髋、屈膝与地面呈大约60°夹角,两手微屈,两手与同伴互抓手腕。两臂微屈保持稳定,并将同伴从身体前方拉至腹部位置,然后缓慢放下至起始位置（图3-35）。

呼吸方式:采用胸式呼吸方式,拉起时呼气,还原时吸气。

动作感觉:感受背部发力。

结束动作:一组动作完成后,先现将同伴放于地面,再主动将同伴扶起,两人上下交换位置,重复练习。两人相互放松上肢等肌群。

（四）常见错误及纠正

屈髋,臀部向后坐,同时上身前倾,脊椎保持中立位,不要在手臂下压过程中利用重心的移动来完成动作。纠正:做到核心收紧,维持核心的稳定性;选择体重合适的同伴进行训练。

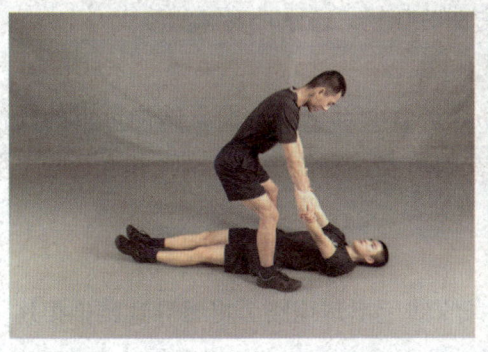

图3-35 双人俯身划船

十、双人坐姿俯卧撑

（一）训练目的

1. 增强上肢肌群力量

受训者通过双人坐姿俯卧撑训练动作提升胸部肌肉力量、上肢爆发力，提高肩部稳定性。

2. 提升运动表现

受训者通过双人坐姿俯卧撑提升团结协作意识，强化上肢力量，提升在推的运动模式上的运动表现。

3. 改善体态

解决胸部力量不足导致的体态问题，如含胸低头。

（二）准备姿势

选择平整、软硬适中的垫子或者平面，确保训练安全高效。一人俯卧于地面，两手距离约为肩的1.5倍，两脚分开与肩部同宽，另一人坐于同伴肩部。

（三）动作过程

核心收紧：在整个动作过程中，腹部肌肉保持紧张状态，保持肩、髋、膝、踝在一条直线上，以帮助维持身体的稳定性。

移动过程：大臂与躯干的夹角控制在45°~60°，两臂弯曲，降低身体重心，大小臂呈现垂直，大臂平行于地面，然后将手臂缓慢伸直（图3-36）。

呼吸方式：采用腹式呼吸方式，两臂弯曲时呼气，还原时吸气。

动作感觉：感受胸部、大臂后侧发力。

结束动作：一组动作完成后，下面的受训者胸部触及地面，施加负重的同伴起立，主动将下面的受训者扶起，两人上下交换位置，重复练习。两人相互放松上肢等肌群。

（四）常见错误及纠正

俯卧撑人员肩、髋、膝、踝没有在一条直线上出现塌腰、提臀导致腰椎损伤。纠正：核心收紧感受核心发力。负重人员坐的位置过于靠下，增加腰部负担，从而产生腰部损伤；选择同伴的体重过大，导致无法完成动作。纠正：坐于同伴两肩胛骨之间；选择体重合适的同伴。

图3-36 双人坐姿俯卧撑

十一、双人空中击掌俯卧撑

（一）训练目的

1. 增强上肢肌群力量

受训者通过双人空中击掌俯卧撑训练动作强化胸部肌肉、大臂后侧肌肉的肌肉力量。

2. 提升运动表现

受训者通过双人空中击掌俯卧撑，提升上肢的运动表现和运动能力。

3. 改善体态

解决胸部力量不足导致的体态问题，如含胸驼背。

（二）准备姿势

选择平整、软硬适中的垫子或者平面，确保训练安全高效。两人相对俯卧于地面，两脚与肩部同宽，两手距离约为肩宽的1.5倍，两人头部相距30~50厘米。

（三）动作过程

核心收紧：在整个动作过程中，腹部肌肉保持紧张状态，保持肩、髋、膝、踝在一条直线上，以帮助维持身体的稳定性。

移动过程：两臂弯曲，降低身体重心使胸部几乎触地。两臂用力快速推地面，使上身尽可能高地远离地面，两人在空中击掌，然后两手臂屈臂缓冲，呈准备姿势（图3-37）。

呼吸方式：两人均采用腹式呼吸方式，两臂弯曲时呼气，还原时吸气。

动作感觉：感受胸部、大臂后侧发力。

（四）常见错误及纠正

常见的错误包括肩、髋、膝、踝没有在一条直线上出现塌腰、提臀导致腰椎损伤；两人推地时机不一致导致无法完成击掌动作。为了避免这些错误应做到核心收紧感受核心发力；一人下达口令进行训练。

图3-37 双人空中击掌俯卧撑

十二、超强臂屈伸

1. 增强上肢肌群力量

受训者通过超强臂屈伸训练动作强化大臂前侧肌肉的肌肉力量。

2. 提升运动表现

通过超强臂屈伸训练，提升上肢的运动表现和运动能力。

（二）准备姿势

选择合适的负重人员，在平整、软硬适中的垫子或者平面上训练，确保安全高效。两人相对站立，两脚左右开立与肩部同宽，一人下蹲，手臂伸直，抓握同伴手腕位置。

（三）动作过程

移动过程：站立人员两脚开立与肩同宽，两手臂紧贴身体，大臂与小臂呈90°夹角，拳眼相对缓慢弯曲使大小臂重叠，后缓慢还原至初始位置（图3-38）。

呼吸方式：采用腹式呼吸方式，手臂向上时呼气，还原时吸气。

动作感觉：感受大臂前侧发力。

（四）常见错误及纠正

手臂超伸导致肘关节损伤，还原时将手臂伸直，导致肘关节产生损伤。纠正：为了避免这些错误还原时大小臂呈90°夹角后再收缩。身体后倾，利用身体移动的速度完成动作，降低训练效果。纠正：保持核心收紧稳定身体重心。

图3-38 超强臂屈伸

十三、平板力量举

（一）训练目的

1. 增强全身肌群力量

受训者通过平板支撑提升静态下核心肌肉的稳定能力，通过抓握脚踝进行高翻训练强化全身爆发力及身体的协调能力。重点锻炼核心肌群、股四头肌、臀大肌、三角肌等肌肉，提升身体稳定性和下肢爆发力。

2. 提升运动表现

可以提高身体的协调性和爆发力，提升运动表现和运动能力。

3. 改善体态

解决核心力量不足导致的体态问题，如含胸驼背、骨盆前倾。

（一）准备姿势

选择平整、软硬适中的垫子或者平面，确保训练安全高效。一人进行直臂平板支撑练习，另一人站于同伴身后约1.5米的位置，两手抓握同伴的脚踝部位，拉起成站立姿势。

（二）动作过程

核心收紧：直臂平板支撑人员在整个动作过程中保持腹部肌肉的紧张状态，保持肩、髋、膝、踝在一条直线上，以帮助维持身体的稳定性。

移动过程：直臂平板支撑人员静止不动，后侧抓握脚踝人员屈膝、屈髋，两脚快速蹬地、伸膝、伸髋，利用快速蹬起的惯性将直臂平板支撑人员重心提高，然后快速下蹲，双手接住同伴的脚踝，蹬地、伸膝、伸髋，手臂上举至身体站直，手臂弯曲至于胸部两侧位置，两手松开，转换抓握方向，屈膝、屈髋减少缓冲（图3-39）。

呼吸方式：直臂平板支撑人员采用胸式呼吸方式，缓慢匀速呼吸。后侧抓握脚踝人员采用腹式呼吸方式，缓慢匀速呼吸。

动作感觉：直臂平板支撑人员感受核心、肩部发力。后侧抓握脚踝人员感受下肢、核心、小臂、肩部发力。

结束动作：完成训练后，后侧抓握脚踝人员先将平板支撑人员双脚放置于地面，再将其扶起。一组动作完成后，两人交换，重复练习。两人相互放松下肢、核心等肌群。

（四）常见错误及纠正

直臂平板支撑人员肩、髋、膝、踝没有在一条直线上出现塌腰、提臀导致腰椎损伤。纠正：核心收紧感受核心发力。后侧抓握脚踝人员注意接抓同伴脚踝，防止同伴产生摔伤。纠正：先进行徒手动作练习，再进行负重练习，动作连贯后进行双人配合练习。

图3-39　平板力量举

十四、双人横向爆发移动俯卧撑

（一）训练目的

1. 增强上肢肌群力量

受训者通过双人横向爆发移动俯卧撑训练动作强化胸部肌肉、手臂肌肉的力量。

2. 提升运动表现

提升上肢肌肉力量的同时提高爆发力，有助于运动中爆发用力。

（二）准备姿势

选择平整、软硬适中的垫子或者平面，确保训练安全高效。两人相对俯撑于地面，两脚与肩部同宽，两手距离约为肩宽的1.5倍，两人头部相距30~50厘米。

（三）动作过程

移动过程：两臂弯曲，降低身体重心使胸部几乎触地。两臂用力快速推地面，使上身尽可能高地远离地面，两人同时向一侧移动，然后两手臂屈臂缓冲，呈准备姿势（图3-40）。

呼吸方式：两人均采用腹式呼吸方式，两臂弯曲时呼气，还原时吸气。

动作感觉：感受胸部、大臂后侧发力。

（四）常见错误及纠正

爆发力不够，导致横向移动不足。纠正：循序渐进地安排训练负荷，能够完成原地击掌俯卧撑后再进行该项练习。

图3-40 双人横向爆发移动俯卧撑

第四章

下肢训练动作

第一节　初级下肢训练动作

一、伙伴进退跑

（一）训练目的

1. 增强下肢肌群力量

受训者通过伙伴进退跑训练提高下肢有氧能力及快速奔跑能力，通过前后跑动提高身体的协调能力，通过相互跑动提高两人的团结协作的意识。

2. 提升运动表现

可以提高有氧能力，提升运动表现和运动能力。

（二）准备姿势

在平整、软硬适中的垫子或者平面上训练，确保安全高效。两人相对站立，两人相距1米。

（三）动作过程

移动过程：两人相对站立，两手相抵，一人进行正常前进跑步，另一人相对进行后退，两人运动是相对进行的，做镜像运动（图4-1）。

呼吸方式：匀速呼吸。

（四）常见错误及纠正

前进人员速度过快，后退人员速度较慢，两人产生碰撞。两人跑动节奏不一致，产生踩脚现象。纠正：其中一人下达口令，两人做到同步进行训练。

图4-1　伙伴进退跑

二、跳山羊

（一）训练目的

1. 增强下肢肌群力量

受训者通过跳山羊训练提升下肢力量和下肢爆发力，在训练过程中还可以通过手臂支撑提升肩部的稳定性。

2. 提升运动表现

受训者通过跳山羊动作可以强化下肢力量，训练下肢的运动表现。

（二）准备姿势

选择平整、软硬适中的垫子或者平面，确保训练安全高效。一人侧对训练者，两脚左右开立与肩部同宽，两手扶踝关节，低头含胸，两腿伸直，另一人站在同伴的一侧。

（三）动作过程

移动过程：受训者快速跑动5～7步，在距离同伴1米左右时，快速跳起，两手触同伴背部，两腿分开，同时快速推手，挺胸抬头，两腿并拢，屈膝缓冲落地（图4-2）。

动作感觉：感受腿部、胸部、核心发力。

（四）常见错误及纠正

1. 同伴抬头挺胸，导致受训者腿部与同伴头部产生碰撞造成运动损伤

纠正：同伴低头含胸。

2. 受训者推手不及时，导致上体无法抬起

纠正：受训者积极推手。

3. 受训者触同伴背部位置不准确，导致前（后）倾重心不稳而摔倒。

纠正：受训者触同伴背部中间位置。

图4-2 跳山羊

三、双人平板跳

（一）训练目的

1. 增强下肢肌群力量

受训者通过双人平板跳训练发展下肢力量，提升下肢爆发力和协调能力。

2. 提升运动表现

受训者通过双人平板跳动作强化下肢力量，提升下肢的运动表现能力。

3. 改善体态

解决核心力量不足导致的体态问题，如含胸低头。

（二）准备姿势

选择平整、软硬适中的垫子或者平面，确保训练安全高效。一人进行直臂平板支撑，另一人站于同伴一侧。

（三）动作过程

核心收紧：在整个动作过程中，腹部肌肉保持紧张状态，保持肩、髋、膝、踝在一条直线上，以帮助维持身体的稳定性。

移动过程：站立人员采取跳跃的方式跳过平板支撑人员，而后迅速进行直臂平板支撑，两人交替进行（图4-3）。

呼吸方式：两人均采用腹式呼吸方式，两臂弯曲时呼气，还原时吸气。

动作感觉：感受胸部、大臂后侧发力。

（四）常见错误及纠正

直臂平板支撑人员肩、髋、膝、踝没有在一条直线上出现塌腰、提臀导致腰椎损伤。纠正：核心收紧感受核心发力。两人发力时机不一致导致动作无法完成。纠正：一人下达口令，做到同步训练。

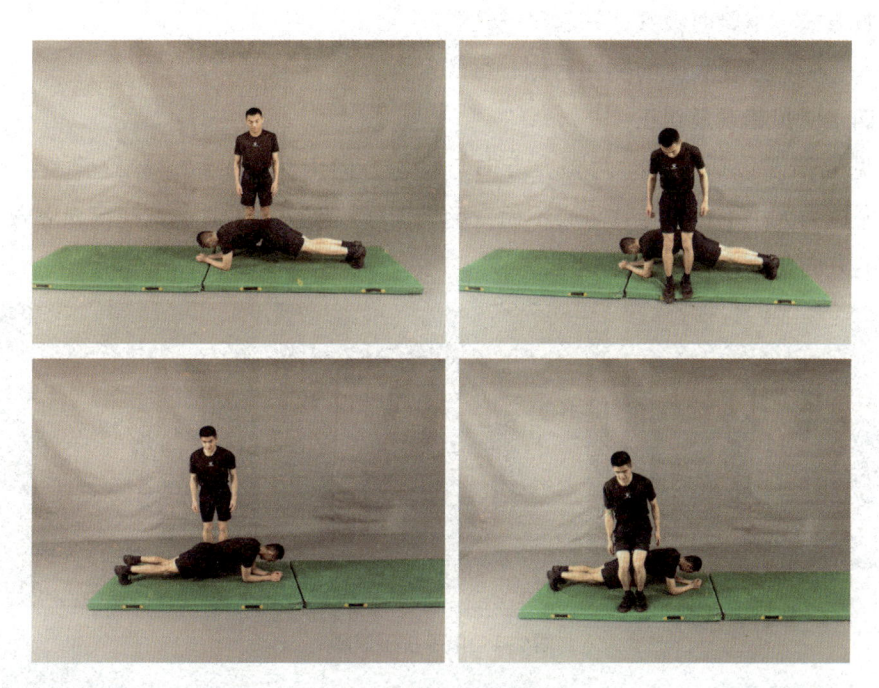

图4-3 双人平板跳

四、单手拉手深蹲

(一)训练目的

1. 增强下肢肌群力量

受训者通过单手拉手深蹲训练下肢力量,提升下肢爆发力和协调能力。

2. 提升运动表现

受训者通过单手拉手深蹲动作强化下肢力量和下肢爆发力,提高下肢的运动表现。

3. 改善体态

解决臀部力量不足导致的体态问题,如骨盆前倾。

(二)准备姿势

选择平整、软硬适中的垫子或者平面,确保训练安全高效。两人相对站立,两人相距1米,两手单手互握手腕位置,两脚左右开立与肩部同宽。

(三)动作过程

移动过程:两人同时下蹲,两脚尖方向向前,膝盖方向与脚尖方向保持一致,腰背挺直、核心收紧,下蹲时重心稍向后,两人手臂伸直,相互拉手腕,蹲至大腿与地面平行,两手交替进行(图4-4)。

呼吸方式：下蹲时吸气，站起时呼气。

动作感觉：感受大腿前侧、后侧、臀部发力。

（四）常见错误及纠正

常见的错误包括下蹲时两脚尖方向与膝盖方向未保持一致，导致膝关节产生损伤；两人拉力大小不一致导致重心不稳，影响训练效果。为了避免这些错误应做到下蹲时两脚尖方向与膝盖方向保持一致。

图4-4　单手拉手深蹲

（五）训练变式

该动作也可以采取双手拉手深蹲的形式进行，可以降低动作难度，提高完成度，如图4-5所示。

图4-5　双手拉手深蹲

五、深蹲前触地

（一）训练目的

1. 增强下肢肌群力量

受训者通过深蹲前触地训练发展下肢力量，提升下肢爆发力和协调能力。

2. 改善体态

解决臀部力量不足导致的体态问题，如骨盆前倾。

（二）准备姿势

选择平整、软硬适中的垫子或者平面，确保训练安全高效。两人相对站立，两人相距1米，两脚左右开立与肩部同宽。

（三）动作过程

移动过程：两人同时下蹲，两脚尖方向向前，膝盖方向与脚尖方向保持一致，腰背挺直、核心收紧，下蹲时重心稍向前，蹲至大腿与地面平行，两人异侧手触及地面，抬起同时异侧腿相互触碰，交替进行（图4-6）。

呼吸方式：下蹲时吸气，站起时呼气。

动作感觉：感受大腿前侧、后侧、臀部发力。

（四）常见错误及纠正

1. 下蹲时两脚尖方向与膝盖方向未保持一致，导致膝关节产生损伤

纠正：下蹲时两脚尖方向与膝盖方向保持一致。

2. 两人做动作的时机不一致无法在同一时间触及地面

纠正：其中一人下达口令，做到两人同步进行。

图4-6　深蹲前触地

六、跳跃交叉踢

（一）训练目的

1. 增强下肢肌群力量

受训者通过跳跃交叉踢训练发展下肢力量，提升下肢爆发力和协调能力。

2. 改善体态

解决臀部力量不足导致的体态问题，如骨盆前倾。

（二）准备姿势

选择平整、软硬适中的垫子或者平面，确保训练安全高效。两人相对站立，两人

相距1米。

（三）动作过程

移动过程：两人下蹲至大腿约与地面平行，同时单手触地，双脚蹬地跳起后，两人同时将左脚伸出与同伴的足弓内侧接触，然后再换另一只脚重复训练（图4-7）。

呼吸方式：保持匀速呼吸。

动作感觉：感受小腿、大腿内侧发力。

（四）常见错误及纠正

1. 下蹲时塌腰，导致腰部压力过大

纠正：注意保持腰背挺直，核心收紧，避免塌腰。

2. 深蹲时膝关节内扣或外翻

纠正：注意脚尖要与膝关节保持一个方向，避免内扣或外翻。

图4-7 跳跃交叉踢

七、背靠背静蹲

（一）训练目的

1. 增强下肢肌群力量

受训者通过背靠背静蹲训练发展下肢力量，提升下肢稳定性。

2. 提升运动表现

强化下肢力量，提升下肢关节的稳定性，减少下肢运动损伤风险，提高下肢的运动表现。

3. 改善体态

解决臀部力量不足导致的体态问题，如骨盆前倾。

（二）准备姿势

选择在平整软硬适中的垫子或者平面上，确保在训练时的安全高效。两人背对站立，两脚与肩部同宽。

（三）动作过程

移动过程：两人同时下蹲，两脚尖方向向前，膝盖方向与脚尖方向保持一致，腰背挺直、核心收紧，下蹲时重心稍向后，两人背部靠近，蹲至大腿与地面平行（图4-8）。

呼吸方式：下蹲时吸气，站起时呼气。

动作感觉：感受大腿前侧、后侧、大臀部发力。

（四）常见错误及纠正

1. 下蹲时两脚尖方向与膝盖方向未保持一致，导致膝关节产生损伤

纠正：下蹲时两脚尖方向与膝盖方向保持一致。

2. 两人后靠力量大小不一致导致两人重心不稳，影响训练效果

纠正：两人后靠力量大小一致。

图4-8 背靠背静蹲

八、弹力带俯卧腿外展

（一）训练目的

1. 增强下肢肌群力量

受训者通过弹力带俯卧腿外展训练提高腿部外展肌群、臀大肌力量，提升下肢稳定性。

2. 提升运动表现

受训者通过弹力带俯卧腿外展动作强化腿部力量，训练下肢关节的稳定性，减少下肢运动损伤风险，提高下肢的运动表现。

3. 改善体态

解决臀部力量不足导致的体态问题，如骨盆前倾。

（二）准备姿势

选择平整、软硬适中的垫子或者平面，确保训练安全高效。一人俯卧于地面，四肢触地，并将弹力带固定在脚踝位置，另一人手持弹力带，蹲于同伴一侧。

（三）动作过程

移动过程：利用大腿外侧和臀部的力量使两膝盖逐渐分离，大腿向外侧打开，然后缓慢还原（图4-9）。

呼吸方式：还原时吸气，外展时呼气。

动作感觉：感受大腿外侧、臀部肌发力。

（四）常见错误及纠正

1. 大腿后抬高度过低，训练效果减弱

纠正：尽可能保证大腿伸直与地面平行，增强髋关节肌肉力量。

2. 身体扭转借力，核心不稳定

纠正：增强核心稳定性，保持核心稳定，减少弹力带磅数，避免重量过大导致扭转借力。

图4-9 弹力带俯卧腿外展

九、弹力带俯卧腿上抬

（一）训练目的
1. 增强下肢肌群力量

受训者通过弹力带俯卧腿上抬训练发展腿部前侧肌群，提升下肢爆发力。

2. 提升运动表现

通过弹力带俯卧腿上抬训练动作强化腿部力量，提高膝关节的稳定性，减少下肢运动损伤风险，提高下肢的运动表现。

（二）准备姿势
选择平整、软硬适中的垫子或者平面，确保训练安全高效。一人俯卧于地面或垫子上，四肢着地，一人辅助拉弹力带。

（三）动作过程
移动过程：勾脚尖向后上方抬大腿，然后缓慢还原（图4-10）。

呼吸方式：还原时吸气，上抬时呼气。

动作感觉：感受大腿后侧肌群发力。

（四）常见错误及纠正
1. 选择弹力带的磅数过大导致动作无法完成；

纠正：选择合适的弹力带完成动作

2. 抬大腿的高度过低，降低训练效果

纠正：尽可能向后上方抬高大腿。

图4-10 弹力带俯卧腿上抬

十、弹力带弓箭步走

（一）训练目的

1. 增强下肢肌群力量

受训者通过弹力带弓箭步走训练发展下肢力量，提升下肢爆发力。

2. 提升运动表现

受训者通过弹力带弓箭步走动作强化腿部力量，提高膝关节的稳定性，减少下肢运动损伤风险，提高下肢的运动表现。

3. 改善体态

解决臀部、腿部力量不足导致的体态问题，如骨盆前倾。

（二）准备姿势

选择平整、软硬适中的垫子或者平面，确保训练安全高效。将弹力带固定在腰腹部，同伴将弹力带拉直。

（三）动作过程

移动过程：向前侧迈出一大步，同时保持腰背挺直，核心收紧，下蹲至前侧大腿与地面平行，小腿垂直于大腿、地面，同时注意脚尖方向向前，膝盖方向与脚尖方向保持一致，然后另一只脚交替进行，重复练习（图4-11）。

呼吸方式：一步一呼，一步一吸。

动作感觉：感受大腿前侧、臀部、大腿后侧发力。

（四）常见错误及纠正

1. 选择弹力带的磅数过大导致动作无法完成

纠正：选择合适的弹力带完成动作。

2. 两腿之间的步幅过小降低动作难度从而降低训练效果

纠正：同伴可在一侧指导受训者每一步的动作幅度。

3.脚尖方向与膝盖方向未保持一致导致膝关节产生运动损伤

纠正：保持脚尖方向和膝盖方向一致。

图4-11　弹力带弓箭步走

十一、弹力带坐姿伸膝

（一）训练目的

1.增强下肢肌群力量

受训者通过弹力带坐姿伸膝训练动作提升大腿前侧肌肉力量和下肢爆发力。

2.提升运动表现

受训者通过弹力带坐姿伸膝动作强化腿部力量，提升膝关节的稳定性，减少下肢运动损伤风险，提高下肢的运动表现。

（二）准备姿势

在合适的平面上放置一把安全牢固的座椅，确保训练安全高效。将弹力带固定在受训者的脚踝位置，配合者在座椅后侧固定弹力带的一端。

（三）动作过程

移动过程：利用大腿前侧的肌肉发力，使腿伸直，然后缓慢还原，可以选择两腿同步训练也可以分开训练（图4-12）。

呼吸方式：抬起时呼气，还原时吸气。

动作感觉：感受大腿前侧发力。

（四）常见错误及纠正

膝关节超伸，造成膝关节压力过大。纠正：向前伸直时腿膝关节接近伸直即可，不必过分强调完全伸直。

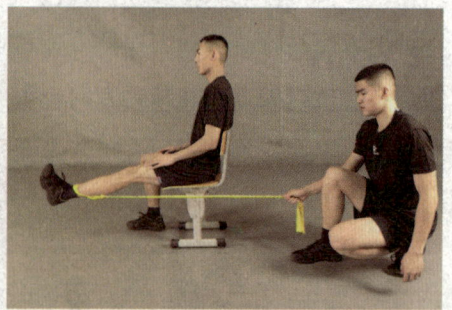

图4-12 弹力带坐姿伸膝

十二、弹力俯身快速垫步跑

（一）训练目的

1. 增强下肢肌群力量

受训者通过弹力俯身快速垫步跑训练，提升膝、踝关节的支撑力量和身体协调性。

2. 提升运动表现

提高膝关节的稳定性和踝关节的灵活性，减少下肢运动损伤风险，提高下肢的运动表现。

（二）准备姿势

选择平整、软硬适中的垫子或者平面，确保训练安全高效。一人俯身，同伴将弹力带绕至腰腹部，拉直弹力带。

（三）动作过程

保持腰背挺直，核心收紧，俯身快速进行垫步跑（图4-13）。

动作感觉：感受大腿前侧、脚踝发力。

（四）常见错误及纠正

频率过低，身体起伏大。纠正：降低重心，提高步频。

图4-13 弹力俯身快速垫步跑

十三、弹力带原地扒地

(一)训练目的

1. 增强下肢肌群力量

受训者通过弹力带原地扒地训练,提高股四头肌力量、扒地效率,增强脚掌与地面的摩擦力。

2. 提升运动表现

提高扒地能力,进而提升跑步能力。

(二)准备姿势

选择平整、软硬适中的垫子或者平面,确保训练安全高效。一人站立,同伴将弹力带绑至脚踝处,拉直弹力带。

(三)动作过程

保持腰背挺直,核心收紧,做抬腿扒地练习(图4-14)。

(四)常见错误及纠正

1. 小腿前伸过多,超过膝盖

纠正:强调正确动作,先抬大腿,然后积极下压,没有小腿前伸的动作。

2. 扒地时绷脚尖,减少接触面积

纠正:扒地时应勾脚尖,增加与地面接触面积。

图4-14 弹力带原地扒地

十四、弹力带俯身半蹲前后跳

(一)训练目的

1. 增强下肢肌群力量

受训者通过弹力带俯身半蹲前后跳训练,提高股四头肌力量,增强脚踝力量,提高身体协调性。

2. 提升运动表现

增强在跑动过程中抬腿能力、脚踝支撑能力以及身体协调能力，进而提高运动表现。

（二）准备姿势

选择平整、软硬适中的垫子或者平面，确保训练安全高效。一人站立，同伴将弹力带绕至腰腹部，拉直弹力带。

（三）动作过程

身体俯身向前，保持腰背挺直，核心收紧，双脚蹬地发力向前跳，落地屈膝缓冲，再发力向后跳（图4-15）。

（四）常见错误及纠正

1. 塌腰或俯身过大

纠正：注意保持腰背部适度弯曲，维持正常的生理曲线，挺直腰背。

2. 跳跃幅度过大或过小，造成动作完成困难或训练效果降低

纠正：维持可控范围内的跳跃距离，确保向后跳时能够安全返回。

图4-15　弹力带俯身半蹲前后跳

十五、弹力带俯卧腿侧抬

（一）训练目的

1. 增强臀部肌群力量

受训者通过弹力带俯身腿侧抬，提高臀中肌力量和髋关节肌群力量，提高髋关节灵活性。

2. 提升运动表现

增强髋关节伸展的力量，进而提高运动表现。

（二）准备姿势

选择平整、软硬适中的垫子或者平面，确保训练安全高效。一人俯卧于地面，双手置于肩膀正下方，膝盖着地，大腿与地面垂直，同伴将弹力带绑至脚踝，拉直弹力带。

（三）动作过程

缓慢抬起一条腿向外展至大腿与地面平行，然后离心收缩还原，重复进行。

（四）常见错误及纠正

躯干扭转借力。纠正：注意保持躯干稳定，适度降低弹力带的磅数，避免扭转身体代偿。

图4-16　弹力带俯卧腿侧抬

十六、弹力带原地弓箭步下压

（一）训练目的

1. 增强下肢肌群力量

受训者通过弹力带弓箭步下压训练，提高股四头肌力量和膝、踝关节力量。

2. 提升运动表现

增强股四头肌力量，提高膝关节的稳定性，从而提高运动表现。

3. 改善体态：纠正因股四头肌力量不足导致膝关节受伤。

（二）准备姿势

选择平整、软硬适中的垫子或者平面，确保训练安全高效。受训者上体保持挺直，身体呈弓箭步姿势，将弹力带环绕于踝关节呈绷紧状态，保护者一侧固定弹力带，面向受训者背部。

（三）动作过程

受训者在弓箭步状态下继续降低前腿重心，做下压动作（图4-17）。

（四）常见错误及纠正

1. 弹力带磅数过大，下压时困难

纠正：注意选取重量适中的弹力带，保证动作能够完成。

2. 膝关节过于超伸，增加了膝关节损伤风险

纠正：注意膝关节与脚尖方向一致，并向后移动重心，避免膝关节超伸，如踝关节灵活性不足，则进行灵活性训练，提高下蹲幅度。

图4-17 弹力带原地弓箭步下压

十七、臀桥扶膝跳

（一）训练目的

1. 增强臀腿肌肉力量

受训者通过臀桥动作可有效提升臀大肌肌肉力量以及臀中肌、臀小肌肌肉稳定性。

2. 增强核心稳定性

受训者通过臀桥和扶膝跳动作时可有效提升腹部核心肌群和下背部肌群力量和稳定性。

3. 增强踝关节力量及其灵活性

受训者通过扶膝跳动作可提升脚踝左右横移的灵活性以其支撑力量。

4. 提升身体协调能力

受训者通过扶膝跳动作可提升身体协调能力。

5. 改善身体姿态和运动表现

受训者通过臀桥扶膝跳动作可以改善骨盆前倾的不良姿态，还可以提升其他运动表现，如跑步、跳跃等运动。

（二）准备姿势

选择平整、软硬适中的垫子或者平面，确保训练安全高效。一人仰卧于平面呈臀

桥姿势，同伴双手扶其膝关节呈俯卧躯体准备姿势。

（三）动作过程

臀桥动作过程：当臀部抬起时，身体从肩膀到膝盖应该尽量保持在一条直线上，避免腰部过度伸展或弯曲，大腿和躯干之间的夹角应接近90°，髋关节充分伸展，核心收紧持续发力（图4-18）。

扶膝跳动作过程：开始时双手发力支撑另一人膝关节，手臂伸直顶肩，跳起时踝关节主动蹬地，在滞空时可微屈膝，进行左右横移跳跃，注意跳跃时核心收紧身体协调（图4-18）。

（四）常见错误及纠正

1. 臀桥时身体没呈一条直线。

纠正：注意臀部收紧，主动顶髋时身体呈一条直线。

2. 跳跃时落地声音较大

纠正：注意落地时脚踝主动发力接触地面，使跳跃变得有弹性。

图4-18 臀桥扶膝跳

十八、单腿弓箭步蹲

（一）训练目的

1. 增强下肢肌群力量

受训者通过单腿弓箭步蹲，提升下肢力量和稳定性。

2. 提升运动表现

受训者通过单腿弓箭步蹲动作强化腿部力量，提升下肢膝关节稳定性，减少下肢运动损伤风险，提高下肢的运动表现。

3. 改善体态

解决臀部、腿部力量不足导致的体态问题，如骨盆前倾。

（二）准备姿势

选择平整、软硬适中的垫子或者平面，确保训练安全高效。一人原地蹲下，同伴将其后腿抬离地面。

（三）动作过程

移动过程保持腰背挺直，核心收紧，下蹲至前侧大腿与地面平行，小腿垂直于大腿、地面，同时注意脚尖方向向前，膝盖方向与脚尖方向保持一致，重复练习（图4-19）。

动作感觉：感受大腿前侧、臀部、大腿后侧发力。

（四）常见错误及纠正

1. 下蹲时膝关节超伸，增加膝关节压力

纠正：下蹲时尽可能使后腿向后，避免膝关节超伸。

2. 脚尖方向与膝盖方向未保持一致导致膝关节产生运动损伤

纠正：保持脚尖方向和膝盖方向一致。

图4-19 单腿弓箭步蹲

十九、弓箭步踢腿

（一）训练目的

1. 增强下肢肌群力量

受训者通过弓箭步踢腿训练，提高股四头肌力量，强化膝、踝关节力量，提高身体协调性。

2. 提升运动表现

增强股四头肌力量，提高膝关节稳定性，从而提高运动表现。

（二）准备姿势

选择平整、软硬适中的垫子或者平面，确保训练安全高效。两人面对面站立，双手自然伸直放于体侧。

（三）动作过程

两人先向后做一个弓箭步，然后起身抬腿使足弓内侧触碰，重复动作练习（图4-20）。

（四）常见错误及纠正

后撤弓箭步动作过小，影响训练效果。纠正：提升弓箭步撤步幅度，保证撤步前腿大小腿夹角约等于90°。

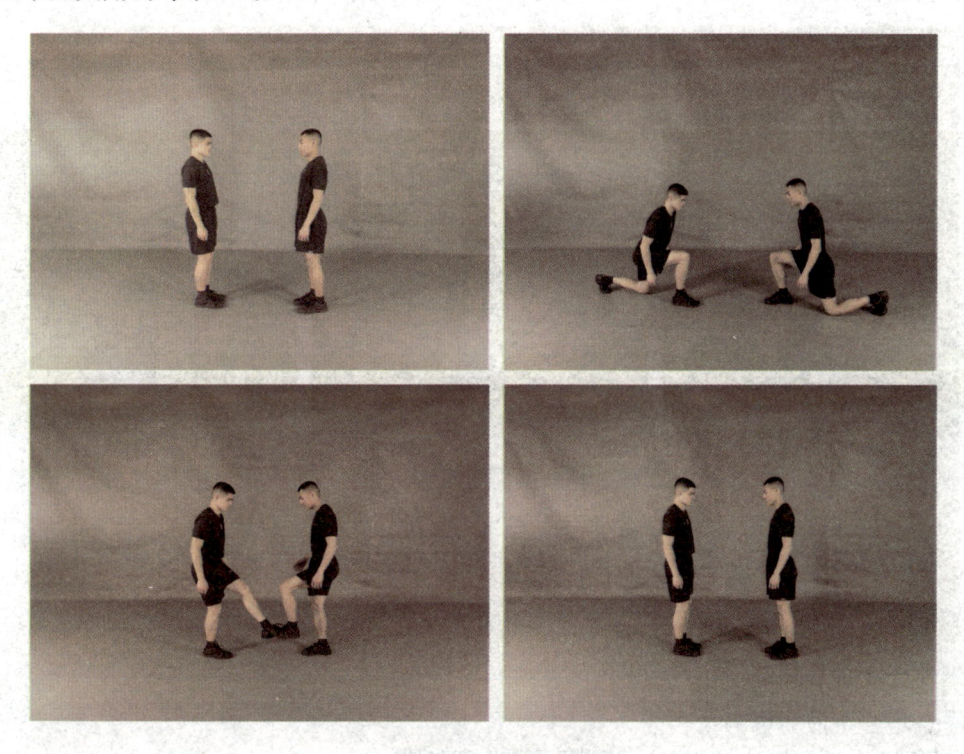

图4-20 弓箭步踢腿

二十、瑜伽球蹲坐

（一）训练目的

1. 增强下肢肌群力量

受训者通过瑜伽球蹲坐训练，提高股四头肌力量，强化核心力量。

2. 提升运动表现

增强股四头肌力量，提升核心控制能力，从而提高运动表现。

（二）准备姿势

选择平整、软硬适中的垫子或者平面，确保训练安全高效。两人背对背站立，坐于瑜伽球上。

（三）动作过程

两人同时发力，做蹲起运动，重复进行（图4-21）。

（四）常见错误及纠正

1. 两人节奏不一致，导致瑜伽球移动

纠正：两人在一人统一口令下完成动作，提高动作一致性。

2. 下蹲时塌腰，没有立直腰背

纠正：下蹲时注意保持腰背挺直，增强核心控制力。

图4-21　瑜伽球蹲坐

二十一、交替弓箭步蹲

（一）训练目的

1. 增强下肢肌群力量

受训者通过交替弓箭步蹲训练，提高股四头肌力量，强化核心力量，提高膝踝关节力量。

2. 提升运动表现

增强股四头肌力量，提高腿部爆发力，增强核心控制能力。

（二）准备姿势

选择平整、软硬适中的垫子或者平面，确保训练安全高效。两人面对面站立，互相握着对方小臂。

（三）动作过程

两人同时向前进行弓箭步蹲，动作相同，方向相反，起立还原后换另一条腿，重复进行（图4-22）。

（四）常见错误及纠正

两人弓箭步空间过小，难以完成动作。纠正：增加站立时的间距，可以抓手腕或者握手，保证下蹲的空间。

图4-22 交替弓箭步蹲

二十二、拉手交替踢腿跳

（一）训练目的

1. 增强下肢爆发力

受训者通过拉手交替踢腿跳训练动作，提高股四头肌爆发力和全身协调用力。

2. 提升运动表现

增强股四头肌力量，提高腿部爆发力，增强核心控制能力。

（二）准备姿势

选择平整、软硬适中的垫子或者平面，确保训练安全高效。两人面对面站立，互相握着对方手掌。

（三）动作过程

两人采取垫步原地跳的方式，一人左腿一人右腿向内踢腿，使足骨内侧触碰，再次垫步向外踢腿，然后换另一条腿重复动作（图4-23）。

（四）常见错误及纠正

垫步动作不协调，难以完成练习。纠正：进行原地练习，动作熟悉后再连续完成该动作。

图4-23 拉手交替踢腿跳

二十三、深蹲侧踢

（一）训练目的

1. 增强下肢爆发力

受训者通过深蹲侧踢训练，提高下肢爆发力和全身协调性。

2. 提升运动表现

增强股四头肌力量，提高腿部爆发力，增强身体快速反应能力。

（二）准备姿势

选择平整、软硬适中的垫子或者平面，确保训练安全高效。两人朝向同一方向，双手自然下垂。

（三）动作过程

一人下蹲，另一人迅速从一侧进行转体侧踢，然后身体旋转至起始位置迅速完成下蹲，两人重复进行（图4-24）。

（四）常见错误及纠正

下蹲速度过慢，动作不一致，导致踢到同伴。纠正：先完成下蹲动作，再完成侧踢动作，确保动作的流畅性。

图4-24 深蹲侧踢

二十四、推拉弓箭步走

（一）训练目的

1. 增强下肢肌群力量

受训者通过训练有效锻炼股四头肌、腘绳肌、臀大肌和髂腰肌等肌群。

2. 提升身体稳定性和协调性

受训者通过推拉弓箭步走动作有效提升身体协调性和稳定性。

3. 增强髋关节灵活性

受训者通过训练有效激活髋关节屈伸功能，从而提升其灵活性。

（二）准备姿势

应选择较为平缓的平地进行练习，两人相距0.5米，面对面站立，前后脚开立呈弓箭步姿势，两人同侧手互抓手腕。

（三）动作过程

移动过程：一人，前腿支撑后腿蹬地同时抓握手手臂伸直向前推进，做向前弓箭步动作；同伴同时后腿支撑前腿蹬地，抓握手手臂向后拉，做向后弓箭步动作（图4-25）。

呼吸方式：抬腿时吸气，腿部下落时呼气。

动作感觉：感受大腿后侧肌群主动蹬地发力，同时感受手臂进行推拉时核心收紧，保持平衡。

（四）常见错误及纠正

1. 在进行弓箭步走时上身过度前倾

纠正：保持上半身直立，核心收紧进行发力。

2. 向前行进者脚落地时前脚足跟抬起

纠正：落地时注意勾脚下落，确保整个脚掌着地。

3. 步幅过大或过小

纠正：进行训练时注意步幅大小适中，一般前脚迈出或后退时两脚间距为1~1.2米。

图4-25 推拉弓箭步走

第二节　中级下肢训练动作

一、反应分腿蹲

（一）训练目的

1. 增强下肢肌群力量

受训者通过反应分腿蹲训练增强大腿前侧肌肉力量，提升下肢爆发力的同时还强化了反应能力，提高协调性。

2. 提升运动表现

受训者通过反应分腿蹲训练强化腿部力量，提升膝关节的稳定性，减少下肢运动损伤风险，提高在无意识反应运动过程中运动表现。

3. 改善体态

解决臀部、腿部力量不足导致的体态问题，如骨盆前倾。

（二）准备姿势

选择平整、软硬适中的垫子或者平面，确保训练安全高效。两人同一方向前后站立，两人相距0.5米，两脚并拢。

（三）动作过程

移动过程：后侧人员用力推前侧人员，前侧人员一脚向前侧迈出一大步，同时保持腰背挺直，核心收紧，下蹲至前侧大腿与地面平行，小腿垂直于大腿、地面，同时注意脚尖方向向前，膝盖方向与脚尖方向保持一致（图4-26）。

呼吸方式：下蹲时吸气，站起时呼气。

动作感觉：感受大腿前侧、后侧、臀部发力。

（四）常见错误及纠正

下蹲时脚尖方向与膝盖方向未保持一致，导致膝关节产生损伤。纠正：下蹲时脚尖方向与膝盖方向保持一致。后侧推人者的力量要适中防止过大将前侧人员直接推倒在地。纠正：后侧推人者的力量要适中。在呈弓箭步时小腿与大腿之间的夹角过小导致膝盖损伤。纠正：在成箭弓步时小腿、大腿、上体要呈现三个直角。

图4-26　反应分腿蹲

二、双人分腿跳

（一）训练目的

1. 增强下肢肌群力量

受训者通过双人分腿跳训练增强大腿前侧肌肉力量，提升下肢爆发力的同时强化反应能力，提高协调性。

2. 提升运动表现

受训者通过双人分腿跳训练动作强化腿部力量，提升膝关节稳定性，减少下肢运动损伤风险，提高在无意识反应运动过程中的运动表现。

3. 改善体态

解决臀部、腿部力量不足导致的体态问题，如骨盆前倾。

（二）准备姿势

选择平整、软硬适中的垫子或者平面，确保训练安全高效。两人相对站立，相距1米，两脚左右开立与肩部同宽。

（三）动作过程

移动过程：一人向前侧迈出一大步，同时保持腰背挺直，核心收紧，下蹲至前侧大腿与地面平行，小腿垂直于大腿、地面，同时注意脚尖方向向前，膝盖方向与脚尖方向保持一致。然后还原成准备姿势。另一人两腿屈膝、屈髋，下蹲至前侧大腿与地面平行，两脚尖方向与膝盖方向保持一致。然后还原成准备姿势。两人要同步进行动作训练。双人分腿跳训练动作如图4-21所示。

呼吸方式：在下蹲时吸气，站起时呼气。

动作感觉：感受大腿前侧、后侧、臀部发力。

(四)常见错误及纠正

下蹲时脚尖方向与膝盖方向未保持一致,导致膝关节产生损伤。纠正:下蹲时脚尖方向与膝盖方向保持一致。呈弓箭步时小腿与大腿之间的夹角过小导致膝盖损伤。纠正:在成弓箭步时小腿、大腿、上体要呈现三个直角,两人动作要同步。

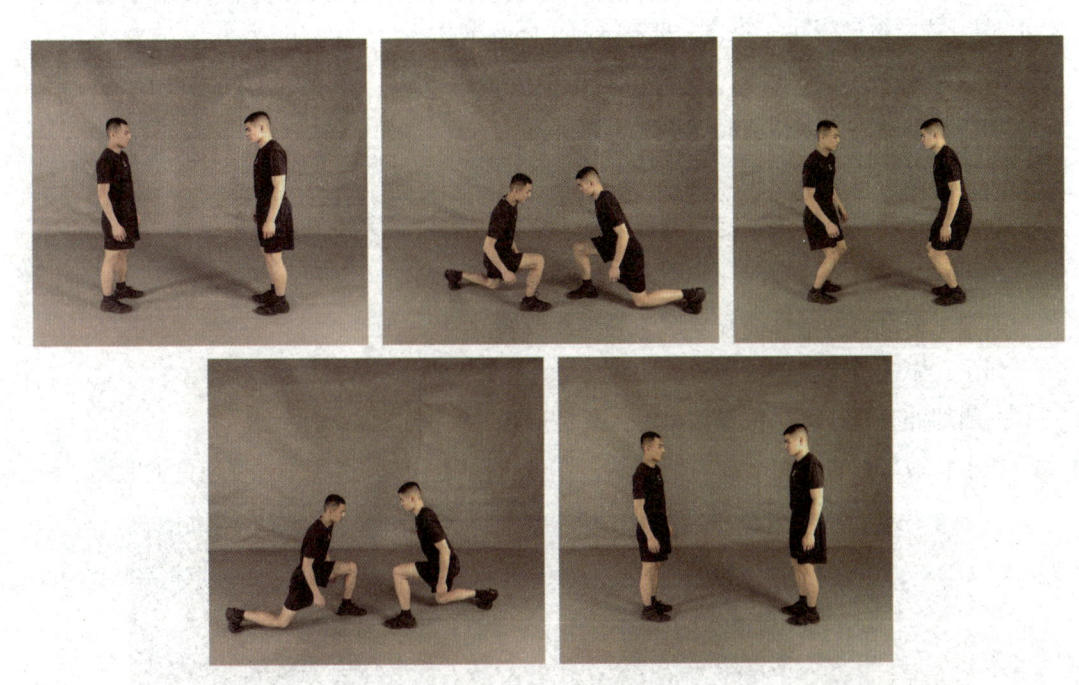

图4-27 双人分腿跳

三、仰卧倒蹬

(一)训练目的

1. 增强下肢肌群力量

受训者通过仰卧倒蹬训练动作提升下肢肌肉力量、下肢爆发力。

2. 提升运动表现

受训者通过仰卧倒蹬训练动作强化腿部力量,提升膝关节的稳定性,减少下肢运动损伤风险,提高运动过程中的运动表现。

3. 改善体态

解决臀部、腿部力量不足导致的体态问题,如骨盆前倾。

(二)准备姿势

选择合适的负重人员,在平整、软硬适中的垫子或者平面,确保训练安全高效。

两人相对站立，两人相距1米，一人仰卧于地面，收腹举腿，两脚蹬另一人胸部位置，被蹬者重心前倾胸部与仰卧人员脚部接触。

（三）动作过程

移动过程：仰卧人员保持腰背挺直，核心收紧，缓慢屈膝、屈髋，至大小腿夹角小于90°，然后缓慢将腿部伸直，重复练习（图4-28）。

呼吸方式：下蹲时吸气，站起时呼气。

动作感觉：感受大腿前侧、后侧、臀部发力。

（四）常见错误及纠正

1. 屈髋、屈膝时脚尖方向与膝盖方向未保持一致，导致膝关节产生损伤

纠正：下蹲时脚尖方向与膝盖方向保持一致。

2. 为了提升运动幅度，导致髋关节离开地面

纠正：髋关节要时刻紧贴地面。

3. 腿部伸直时速度过快导致另一人摔倒

纠正：腿部伸直时速度要有所控制，在进行伸髋、伸膝过程中感受肌肉的收缩。

图4-28 仰卧倒蹬

四、深蹲仰卧撑

（一）训练目的

1. 增强下肢肌群力量

受训者通过深蹲仰卧撑训练动作增强下肢、上肢、胸部肌肉力量，提升下肢、上肢爆发力。

2. 提升运动表现

受训者通过深蹲仰卧撑训练动作强化下肢、上肢力量，通过静止练习提升下肢关节的稳定性，减少下肢关节运动损伤风险，提高运动过程中运动表现。

3. 改善体态

解决胸部、腿部力量不足导致的体态问题，如含胸驼背。

（二）准备姿势

选择平整、软硬适中的垫子或者平面，确保训练安全高效。一人屈膝屈髋，腰背挺直和收紧，另一人两手扶其两膝关节处。

（三）动作过程

移动过程：静止深蹲人员静止保持不动，扶膝盖人员两肘内收，屈臂，使肩关节高于肘关节，然后将手臂缓慢伸直。重复训练（图4-29）。

呼吸方式：扶膝盖人员屈臂时吸气，伸臂时呼气。静止深蹲人员匀速呼吸。

动作感觉：静止深蹲人员感受大腿前侧、后侧、臀部发力。扶膝盖人员感受肱三头肌发力。

（四）常见错误及纠正

静止深蹲人员屈髋、屈膝时脚尖方向与膝盖方向未保持一致，导致膝关节产生损伤。纠正：下蹲时脚尖方向与膝盖方向保持一致。扶膝盖人员屈两肘外展，产生肩部损伤。纠正：两肘稍微内收。

图4-29 深蹲仰卧撑

五、深蹲跳击掌

（一）训练目的

1. 增强下肢肌群力量

受训者通过深蹲跳击掌训练动作提高下肢、上肢、胸部肌肉力量，提升下肢、上肢爆发力。

2. 提升运动表现

受训者通过深蹲跳击掌训练动作强化下肢、上肢力量，提升下下肢关节的稳定性，减少下肢关节运动损伤风险，提高运动过程中运动表现。

3. 改善体态

解决胸部、腿部力量不足导致的体态问题，如含胸驼背。

（二）准备姿势

选择平整、软硬适中的垫子或者平面，确保训练安全高效。两人相对站立，两人相距1米，两脚左右开立与肩部同宽。

（三）动作过程

移动过程：腰背挺直、核心收紧，屈髋、屈膝的同时确保脚尖方向与膝盖方向保持一致，蹲至大腿与地面平行，然后两脚用力伸膝、伸髋，快速跳起击掌，落地时脚尖先着地，屈膝、屈髋缓冲，还原成准备姿势，击掌后重复该动作（图4-30）。

呼吸方式：还原时吸气，跳起时呼气。

动作感觉：感受大腿前侧、后侧、臀部发力。

（四）常见错误及纠正

1. 屈髋、屈膝时脚尖方向与膝盖方向未保持一致，导致膝关节产生损伤

纠正：脚尖方向与膝盖方向保持一致。

2. 足跟着地，着地后没有进行屈髋、屈膝缓冲导致膝关节损伤

纠正：屈髋、屈膝，做好缓冲，防止膝关节运动损伤。

图4-30 深蹲跳击掌

六、肩负同伴深蹲起

（一）训练目的

1. 增强下肢肌群力量

受训者通过肩负同伴深蹲起训练动作增强大腿前侧肌肉力量，提升下肢爆发力提高团结协作意识。

2. 提升运动表现

受训者通过肩负同伴深蹲起训练动作强化腿部力量，提升膝关节的稳定性，减少下肢运动损伤风险，提高运动表现。

3. 改善体态

解决臀部、腿部力量不足导致的体态问题，如骨盆前倾。

（二）准备姿势

选择合适的配重人员和平整、软硬适中的垫子或者平面，确保训练安全高效。一人充当配重，另一人一只手抓握同伴大臂，另一只手抓握大腿部位，将同伴拉在肩上，让同伴腹部与自身肩部相贴，两脚左右开立与肩部同宽。

（三）动作过程

移动过程：腰背挺直、核心收紧，屈髋、屈膝的同时确保脚尖方向与膝盖方向保持一致，蹲至大腿与地面平行，然后两脚用力伸膝、伸髋还原成准备姿势（图4-31）。

呼吸方式：下蹲时吸气，站起时呼气。

动作感觉：感受大腿前侧、后侧、臀部发力。

结束动作：训练结束后，深蹲者先将同伴双脚放置于地面上。然后两人交换位置，重复训练。

（四）常见错误及纠正

屈髋、屈膝时脚尖方向与膝盖方向未保持一致，导致膝关节产生损伤。纠正：脚尖方向与膝盖方向保持一致，防止膝关节运动损伤。同伴腹部与受训者肩部未相贴，导致重心靠后而无法完成动作。纠正：同伴腹部与受训者肩部相贴，使两人重心均在受训者两脚中间。

图4-31 肩负同伴深蹲起

七、弹力带下蹲

（一）训练目的

1. 增强下肢肌群力量

受训者通过弹力带下蹲训练动作提升大腿前侧肌肉力量和下肢爆发力，提高团结协作意识。

2. 提升运动表现

受训者通过弹力带下蹲训练动作强化腿部力量，提升膝关节的稳定性，减少下肢运动损伤，提高运动表现。

3. 改善体态

解决臀部、腿部力量不足导致的体态问题，如骨盆前倾。

（二）准备姿势

选择合适的弹力带及平整软硬适中的垫子或者平面，确保训练安全高效，两脚左右开立与肩部同宽，一人双脚踩弹力带的中间部位，另一人两手抓握弹力带两端。

（三）动作过程

移动过程：腰背挺直、核心收紧，屈髋、屈膝的同时确保脚尖方向与膝盖方向保持一致，蹲至大腿与地面平行，然后两脚用力伸膝、伸髋还原成准备姿势（图4-32）。

呼吸方式：下蹲时吸气，站起时呼气。

动作感觉：感受大腿前侧、后侧、臀部发力。

（四）常见错误及纠正

常见的错误包括屈髋、屈膝时脚尖方向与膝盖方向未保持一致，导致膝关节产生损伤。为了避免这些错误应做到下蹲时脚尖方向与膝盖方向保持一致，防止膝关节运动损伤。

图4-32 弹力带下蹲

八、弹力带罗马尼亚硬拉

(一)训练目的

1. 增强下肢肌群力量

受训者通过弹力带罗马尼亚硬拉训练动作增强大腿后侧肌肉力量,提升下肢爆发力。

2. 提升运动表现

受训者通过弹力带罗马尼亚硬拉训练动作强化腿部力量,提升膝关节的稳定性,减少下肢运动损伤风险,提高运动表现。

3. 改善体态

解决臀部、腿部力量不足导致的体态问题,如骨盆前倾。

(二)准备姿势

选择合适的弹力带及平整、软硬适中的垫子或者平面,确保训练安全高效,两脚左右开立与肩部同宽,一人双脚踩弹力带的中间部位,另一人两手抓握弹力带两端。

(三)动作过程

移动过程:腰背挺直、核心收紧,以髋关节为轴,躯干前倾使双手靠近膝关节,然后伸髋还原成准备姿势(图4-33)。

呼吸方式:屈髋时吸气,伸髋时呼气。

动作感觉:感受大腿后侧、臀部、腰部发力。

(四)常见错误及纠正

塌腰和弓背,核心未收紧,导致腰部损伤。纠正:腰背挺直收紧核心肌群。

图4-33 弹力带罗马尼亚硬拉

九、弹力带单腿硬拉

（一）训练目的

1. 增强下肢肌群力量

受训者通过弹力带单腿硬拉训练动作增强大腿后侧肌肉力量，提升下肢爆发力。

2. 提升运动表现

受训者通过弹力带单腿硬拉训练动作强化腿部力量，提升膝关节的稳定性，减少下肢运动损伤风险，提高运动表现。

3. 改善体态

解决臀部、腿部力量不足导致的体态问题，如骨盆前倾。

（二）准备姿势

选择合适的弹力带及平整、软硬适中的垫子或者平面，确保训练安全高效，一人一只脚踩弹力带的中间部位，另一人一只手抓握弹力带两端。

（三）动作过程

移动过程：腰背挺直、核心收紧，以髋关节为轴，躯干前倾，抓握弹力带的手对侧的腿向后伸直，至后侧腿和上体均平行于地面，然后伸髋还原成准备姿势（图4-34）。

呼吸方式：屈髋时吸气，伸髋时呼气。

动作感觉：感受大腿后侧、臀部、腰部发力。

（四）常见错误及纠正

1. 塌腰和弓背，核心未收紧，导致腰部损伤

纠正：腰背挺直收紧核心肌群。

2. 重心不稳，身体重心前后左右晃动

纠正：进行徒手的单腿硬拉动作模仿练习。

图4-34　弹力带单腿硬拉

十、弹力带侧卧上抬

（一）训练目的

1. 增强核心肌群力量

受训者通过弹力带侧卧上抬训练动作可有效锻炼腹内外斜肌、腰方肌、臀中肌以及臀小肌等肌群。

2. 提升身体平衡能力

该动作使身体处于一个不稳定状态，单侧手臂和腿部支撑身体，这就要求身体的平衡系统高度参与，从而提升身体平衡能力。

3. 改善体态

该动作有助于纠正骨盆倾斜，适合长时间坐办公室人员。

（二）准备姿势

选择平整、软硬适中的垫子或者平面，确保训练安全高效。一人侧支撑于垫面，另一人将弹力带绑于同伴脚踝，坐在地上向脚底方向拉紧弹力带。

（三）动作过程

移动过程：受训者利用手臂和支撑脚支撑，将摆动腿沿着支撑腿垂直面上下摆动，两个方向循环进行训练即可（图4-35）。

呼吸方式：腿抬起时呼气，腿下落时吸气。

动作感受：做动作时感受核心收紧保持身体稳定。

（四）常见错误及纠正

1. 肩、腰、臀、膝和踝未呈一条直线

纠正：始终保持核心收紧，避免腹部放松导致身体弯曲。

2. 躯干内旋

纠正：做动作时注意肩部和髋关节在一条直线上。

3. 动作幅度过大或过小

纠正：做动作时应始终保持适当角度，可通过同伴拉紧弹力带的力度控制摆动幅度，幅度过大可适当拉紧弹力带，幅度过小可适当放松弹力带。

图4-35 弹力带侧卧上抬

十一、弹力带单腿直膝侧抬

(一)训练目的

1. 增强核心肌群力量

受训者通过弹力带单腿直膝侧抬训练动作可有效锻炼腹内外斜肌、腘绳肌、臀中肌以及臀小肌等肌群。

2. 提升髋关节灵活性

该训练动作主要通过髋关节外展内收的方式进行提升髋关节灵活性。

3. 改善体态

该动作有助于纠正骨盆倾斜,适合长时间坐办公室人员。

(二)准备姿势

选择平整、软硬适中的垫子或者平面,确保训练安全高效。一人俯卧于垫面,同伴将弹力带绑于其摆动腿脚踝,坐于地面向其摆动相反方向拉紧弹力带。

(三)动作过程

移动过程:在受训者核心收紧、保持身体稳定的前提下进行直腿髋关节外展动作,拉紧弹力带,双腿交替重复进行训练即可(图4-36)。

呼吸方式:腿外展时呼气,腿内收时吸气。

动作感受:做动作时感受核心收紧,保持身体稳定,利用髋关节主动发力,感受弹力带的拉力,注意腿内收时要缓慢。

(四)常见错误及纠正

1. 腰部过度发力

纠正:做动作时保持核心收紧,始终保持骨盆处于中立位,即可避免腰部过度发力。

2. 摆动速度过快

纠正:控制速度,做动作时应缓慢,避免利用惯性进行训练。

3. 膝关节弯曲小腿抬起

纠正：发力时应以腘绳肌为主，避免小腿过度发力。

图4-36　弹力带单腿直膝侧抬

十二、弹力带直腿上抬

（一）训练目的

1. 增强核心肌群力量

受训者通过弹力带直腿上抬训练动作可有效锻炼腹直肌、腘绳肌、臀中肌以及臀小肌等肌群。

2. 提升髋关节灵活性

该动作主要通过髋关节屈伸的方式提升髋关节灵活性。

3. 改善体态

该动作有助于纠正骨盆倾斜，适合长时间坐办公室人员。

（二）准备姿势

选择平整、软硬适中的垫子或者平面，确保训练安全高效。受训者仰卧于垫面，同伴将弹力带绑于受训者一侧脚踝并适当拉紧弹力带。

（三）动作过程

移动过程：受训者将绑弹力带的腿抬起并缓慢下落，反复进行训练即可（图4-37）。

呼吸方式：抬腿时呼气，落腿时吸气。

动作感受：在保持核心收紧的情况下进行动作练习；注意落腿时缓慢下落；感受股四头肌主动发力。

（四）常见错误及纠正

1. 腰部过度发力

纠正：做动作时保持核心收紧，始终保持不做动作的腿放于垫面，即可避免腰部过度发力。

2. 摆动速度过快

纠正：控制速度，做动作时应缓慢，避免利用惯性进行训练。

3. 膝关节弯曲

纠正：发力时髋关节屈伸，同时股四头肌发力。

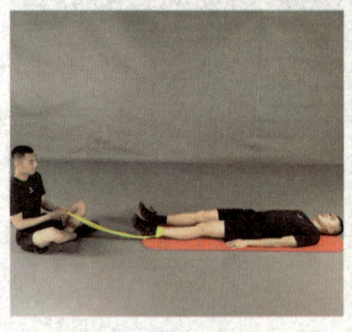

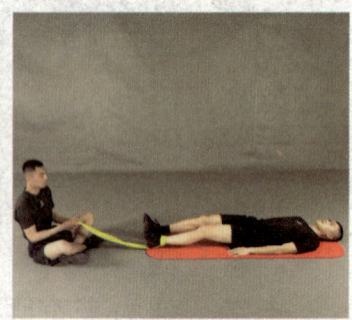

图4-37 弹力带直腿上抬

十三、弹力带深蹲跳

（一）训练目的

1. 增强下肢肌群力量

受训者通过弹力带深蹲跳训练动作可以锻炼股四头肌、臀大肌、腘绳肌和小腿肌肉，通过反复训练可提升这些肌群力量。

2. 提高心肺功能

多次重复训练能够快速提升心率，从而增强心肺功能。

3. 提升爆发力和运动表现

该训练动作可提升下肢肌群快速收缩能力，从而提升下肢爆发力，并且可以提升篮球或需要跳跃的运动项目的运动表现。

（二）准备姿势

两人双脚开立与肩同宽，面对面站立，两人双手抓住弹力带两端，并适当拉紧弹力带成准备姿势。

（三）动作过程

移动过程：两人拉紧弹力带的同时进行深蹲跳，下蹲时使膝内夹角约为90°，跳起时可微向斜后方跳起，两人蹲跳节奏保持一致（图4-38）。

呼吸方式：下蹲时吸气，跳起时呼气。

动作感受：做动作时保证两人动作频率相同，下蹲时动作缓慢，起跳时快速跳起，下落时注意主动屈膝缓冲。

（四）常见错误及纠正

1. 下蹲深度不足

纠正：确保下蹲到大腿与地面平行或更低的位置，以充分激活臀部和腿部肌肉。

2. 膝盖内扣或外展

纠正：下蹲时膝盖应始终与脚尖方向一致，避免内扣和外展。

3. 躯干过度前倾

纠正：保持背部挺直，核心收紧，下蹲时身体重心应保持在足中部或稍靠足跟位置。

4. 落地姿势不正确

纠正：落地时应保持膝盖微弯，脚掌平放在地面上，避免脚尖先着地。

图4-38 弹力带深蹲跳

十四、单腿站立推手

（一）训练目的

1. 提升下肢关节稳定性

受训者通过单腿站立推手训练动作可有效性提升膝关节以及踝关节附近小肌群力量，从而提升膝关节和踝关节稳定性。

2. 提升核心肌肉力量和稳定性

受训者通过训练可有效刺激腹内外斜肌，从而提升身体稳定性和核心肌肉力量。

3. 增强下肢肌群肌肉力量

该训练动作主要锻炼下肢肌群的股四头肌、比目鱼和腓肠肌等，通过持续训练可提升这些肌群力量及耐力。

4. 提升专注力

单腿站立过程中，受训者需要精神高度集中保持平衡，这样可以有效提升专注力。

（二）准备姿势

应选择较为平缓的平地进行练习，两人间隔半米，面对面站立，双臂抬起双手互握。

（三）动作过程

移动过程：一人单腿抬起保持平衡，同伴手臂发力左右推动受训者，受训者需要手臂卸力，上体左右摆动，交替进行训练即可（图4-39）。

呼吸方式：在核心收紧的情况下，均匀呼吸即可。

动作感受：感受核心收紧；训练过程中需要受训者保持踝关节稳定性；训练过程中可和同伴进行对抗，以更好地提升训练效果。

（四）常见错误及纠正

1. 身体左右晃动

纠正：做动作时注意核心主动收紧，主动进行对抗；同伴应根据受训者能力选择合适的推力，推力不宜过大。

2. 膝关节过伸

纠正：应保持膝关节微屈，避免过伸，这样不仅可以提升下肢力量还可缓解膝关节的压力。

3. 脚尖内扣或外翻

纠正：保持脚尖向前，与膝关节方向一致。

图4-39 单腿站立推手

十五、侧跳单腿蹲

（一）训练目的

强化下肢力量，增强膝踝关节力量、下肢稳定性，提高平衡能力。

（二）准备姿势

两人俯身，两脚分开略宽于肩，两人中间放一个圆盘。

（三）动作过程

一个伙伴单腿跳向圆盘进行支撑，然后跳回原来的位置，另一个伙伴重复该动作，两人交替进行（图4-40）。

（四）常见错误及纠正

左右跳步幅度过大，身体不稳定出现摔倒现象。纠正：缩小步幅，提高稳定性。

图4-40 侧跳单腿蹲

第三节　高级下肢训练动作

一、伙伴腘绳肌起

（一）训练目的

1. 增强下肢肌群力量

受训者通过伙伴腘绳肌起训练动作提升大腿后侧肌肉力量、下肢爆发力。

2. 提升运动表现

受训者通过伙伴腘绳肌训练起训练动作强化腿部力量，减少下肢运动损伤风险，提高运动表现。

3. 改善体态

解决臀部、腿部力量不足导致的体态问题，如骨盆前倾。

（二）准备姿势

选择合适的配重人员和平整、软硬适中的垫子或者平面，确保训练安全高效。两人前后站立，前侧人员双膝跪地，后侧人员固定其脚踝。

（三）动作过程

移动过程：腰背挺直、核心收紧，肩部、髋部、膝部保持在一条直线上，大腿后主动发力，将两腿逐渐伸直，然后屈膝将上体缓慢抬起成准备姿势，如果完成动作困难可以用双手推地起进行助力（图4-14）。

呼吸方式：向下时吸气，向上时呼气。

动作感觉：感受大腿后侧发力。

结束动作：训练结束后，当受训者胸部接触地面时，同伴放开其脚踝。放开脚踝后，后侧人员主动将受训者扶起，两人交换进行重复训练。

（四）常见错误及纠正

1. 腰背未挺直、核心未收紧，影响训练效果

纠正：腰背挺直、核心收紧保证训练效果。

2. 后侧人员压脚踝力度不够，导致受训者无法完成训练动作

纠正：选择合适的配重人员压脚踝。

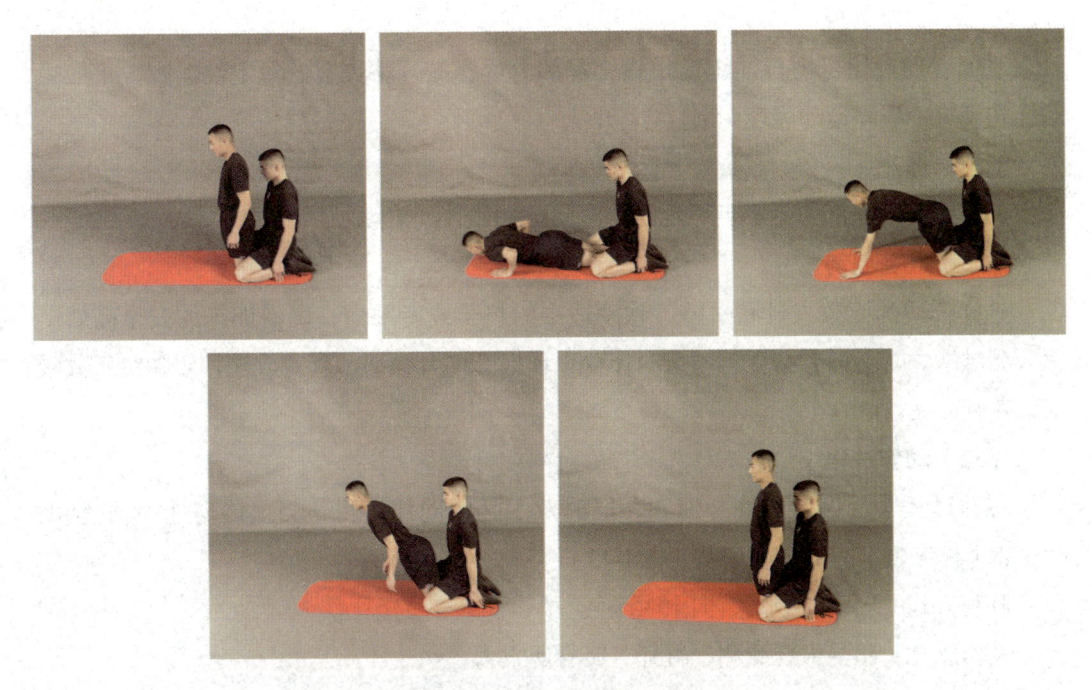

图4-41 伙伴腘绳肌起（1）

（五）变式训练

后侧人员可以用双手施加阻力，锻炼伙伴的腘绳肌，注意力度要适中，如图4-42所示。

图4-42 伙伴腘绳肌起（2）

二、屈身硬拉

（一）训练目的

1. 增强下肢肌群力量

受训者通过屈身硬拉训练动作提升大腿后侧肌肉力量、下肢爆发力。

2. 提升运动表现

受训者通过屈身硬拉训练动作强化腿部力量，提升膝关节的稳定性，减少下肢运动损伤风险，提高运动表现。

3. 改善体态

解决臀部、腿部力量不足导致的体态问题，如骨盆前倾。

（二）准备姿势

选择合适的配重人员和平整、软硬适中的垫子或者平面，确保训练的安全高效。两人相对站立，受训者站立不动，同伴双手环抱受训者颈部，直臂放松，双腿盘于其腰部，双脚交叉。

（三）动作过程

移动过程：受训者屈髋、屈膝，同时双手托住同伴大腿，当上体与地面约呈90°时，将上体缓慢伸直成准备姿势（图4-43）。

呼吸方式：向下时吸气，向上时呼气。

动作感觉：感受大腿后侧、臀部、竖脊肌发力。

结束动作：完成训练后，受训者主动将同伴放置于地面，然后将同伴拉起成站立姿势。两人交换位置，进行重复训练。

（四）常见错误及纠正

1. 练习过程中出现塌腰或弓背的现象

纠正：腰背挺直、核心收紧，防止腰部运动损伤。

2. 抓握不紧有可能导致受伤

纠正：同伴双手互抓手腕环握，防止脱手而导致摔伤。

图4-43 屈身硬拉

三、腹背硬拉

（一）训练目的

1. 增强下肢肌群力量

受训者通过腹背硬拉训练动作提升大腿后侧肌肉力量、下肢爆发力。

2. 提升运动表现

受训者通过腹背硬拉训练动作强化腿部力量，提升下肢膝关节的稳定性，减少下肢运动损伤风险，提高运动表现。

3. 改善体态

解决臀部、腿部力量不足导致的体态问题，如骨盆前倾。

（二）准备姿势

选择合适的配重人员和平整、软硬适中的垫子或者平面，确保训练安全高效。两人前后站立，后侧人员两脚分开略比肩宽，环抱前侧人员腰部。

（三）动作过程

移动过程：受训者主动屈髋，在同伴手触地瞬间，受训者快速将髋关节伸直，同伴迅速向上推起，帮助其完成动作（图4-44）。次数与组数可自行掌握，两人交替进行。

呼吸方式：向下时吸气，向上时呼气。

动作感觉：感受大腿后侧、臀大肌发力。

结束动作：完成训练后，受训者主动将同伴放置于地面，然后将同伴拉起成站立姿势。两人交换位置，进行重复训练。

（四）常见错误及纠正

常见的错误包括腰背未挺直、核心未收紧；在髋关节伸直的过程中同伴未低头含胸。为了避免这些错误应做到腰背挺直、核心收紧；受训者时刻提醒同伴低头含胸。

图4-44　腹背硬拉

四、穿扛负重弓箭步

（一）训练目的

1. 增强下肢肌群力量

受训者通过穿扛负重弓箭步训练动作提升下肢肌肉力量、下肢爆发力。

2. 提升运动表现

强化腿部力量提升膝关节的稳定性，减少下肢运动损伤风险，提高运动表现。

3. 改善体态

解决臀部、腿部力量不足导致的体态问题，如骨盆前倾。

（二）准备姿势

选择合适的配重人员和平整、软硬适中的垫子或者平面，确保训练安全高效。一人充当配重，另一人一只手抓握同伴大臂，另一只手抓握大腿部位，将同伴扛于肩部，让同伴腹部与肩部紧密贴合。

（三）动作过程

移动过程：腰背挺直、核心收紧，一脚向前迈出一大步，下蹲至前侧大腿与地面平行，小腿垂直于大腿、地面，同时注意脚尖方向冲前，膝盖方向与脚尖方向保持一致，后脚跟上呈准备姿势，然后换另一侧脚继续重复该动作，两脚交替进行（图4-45）。

呼吸方式：在下蹲时吸气，站起时呼气。

动作感觉：感受大腿前侧、后侧、大臀肌发力。

结束动作：完成训练后，受训者两脚并拢，屈膝下蹲，重心向同伴两脚方向偏移，当同伴两脚触地，两人呈站立姿势。两人交换位置，进行重复训练。

（四）常见错误及纠正

下蹲时脚尖方向与膝盖方向未保持一致，导致膝关节产生损伤。纠正：下蹲时脚尖方向与膝盖方向保持一致。在成弓箭步时小腿、大腿、上体未呈三个直角，导致膝盖损伤。纠正：先进行徒手动作练习，再进行负重训练。同伴腹部与受训者肩部未紧密贴合，导致重心靠后而无法完成动作。纠正：同伴腹部与受训者肩部紧密帖合，使两人重心均在受训者两脚中间。

图4-45 穿扛负重弓箭步

五、穿扛负重蹬阶

（一）训练目的

1. 增强下肢肌群力量

受训者通过穿扛负重蹬阶训练动作提升下肢肌肉力量、下肢爆发力。

2. 提升运动表现

通过穿扛负重蹬阶训练动作强化腿部力量，提升下肢膝关节的稳定性，减少下肢运动损伤风险，提高运动表现。

3. 改善体态

解决臀部、腿部力量不足导致的体态问题，如骨盆前倾。

（二）准备姿势

选择合适的配重人员和平整、软硬适中的垫子或者平面，确保训练安全高效。一人充当配重，另一人一只手抓握同伴大臂，另一只手抓握大腿部位，将同伴抗于肩部，让同伴腹部与肩部紧密贴合。

（三）动作过程

移动过程：腰背挺直、核心收紧，一脚向前迈出一步并蹬踏在正前方的台阶上，后脚跟上成站立姿势，然后依次退下，还原成准备姿势，换另一侧脚继续重复该动作，两脚交替进行（图4-46）。

呼吸方式：向下时吸气，向上时呼气。

动作感觉：感受大腿前侧、后侧、大臀肌发力。

结束动作：完成训练后，受训者两脚并拢，屈膝下蹲，重心向同伴两脚方向偏移，当同伴两脚触地，两人呈站立姿势。两人交换位置，进行重复训练。

（四）常见错误及纠正

1. 同伴腹部与受训者肩部未紧密贴合，导致重心靠后而无法完成动作

纠正：同伴腹部与受训者肩部紧密贴合，使两人重心均在受训者两脚中间。

2. 动作节奏过快，导致同伴腹部不适

纠正：保持动作节奏缓慢进行。

图4-46　穿扛负重蹬阶

六、弹力带收腹跳

（一）训练目的

1. 增强腹部肌肉力量

受训者通过弹力带收腹跳训练可有效锻炼腹直肌以及腹内外斜肌。

2. 增强下肢爆发力

该动作需要下肢肌群快速收缩起跳，可有效提升下肢爆发力。

3. 提升身体协调能力

该动作需要身体多个部位的协调配合，包括腿部、腰部和手臂。这种训练可以提高身体的协调性和灵活性，帮助受训者在运动中更好地控制身体姿态。

（二）准备姿势

一人双脚开立自然站立，另一人将弹力带两端绑于其脚踝并向其身后拉紧，弹力带贴近地面即可。

（三）动作过程

移动过程：受训者先屈膝下蹲同时手臂稍向后摆，然后手臂上摆同时双脚蹬地跳起，在腾空阶段收腿，使大腿前侧贴向身体，最后伸直腿落地屈膝缓冲，重复进行训练即可（图4-47）。

（四）常见错误及纠正

1. 腿部过多发力

纠正：起跳时，要主动收紧腹部肌肉，用腹部力量带动身体向上跳起，同时保持腿部放松。

2. 跳起高度过高或过低

纠正：跳跃高度不需要过高，重点是通过收腹动作来锻炼腹部肌肉。高度过低也无法完成收腹动作。

3. 落地膝关节过伸

纠正：落地时要用前脚掌先着地，然后迅速过渡到全脚掌，同时膝盖略微弯曲，缓解落地的冲击力。

4. 起跳时收小腿

纠正：起跳时注意小腿放松，大腿向身体贴近。

图4-47 弹力带收腹跳

七、弹力带高抬腿

（一）训练目的

1. 增强下肢肌群力量

受训者通过弹力带高抬腿训练动作提升下肢肌肉力量、下肢爆发力。

2. 提升运动表现

受训者通过弹力带高抬腿训练动作强化腿部力量，提升膝关节的稳定性，减少下肢运动损伤风险，提高运动表现。

3. 改善体态

解决腿部力量不足导致的体态问题。

（二）准备姿势

选择合适的配重人员和平整、软硬适中的垫子或者平面，确保训练安全高效。两人前后站立，后侧人员拿弹力带环绕前侧人员的腰部，并用力向后拉动，前侧人员重心前倾维持身体平衡。

（三）动作过程

移动过程：前侧人员腰背挺直、核心收紧，两脚交替向前上方抬腿，同时两臂自然摆动（图4-48）。

呼吸方式：摆动三次吸气一次，摆动三次呼气一次。

动作感觉：感受大腿前侧、后侧、大臀肌发力。

（四）常见错误及纠正

1. 抬腿高度不够、支撑腿未伸直影响训练效果

纠正：选择合适的弹力带进行训练，按照要求完成技术动作。

2. 在进行高抬腿时重心后倾

纠正：受训者直臂支撑于同伴肩处，同时重心前倾，进行练习。

图4-48　弹力带高抬腿

八、弹力带俯卧交替收腿

（一）训练目的

1. 增强下肢力量

受训者通过弹力带俯卧交替收腿训练动作可以有效提升股二头肌、半腱肌、半膜肌以及腓肠肌等肌群力量。

2. 提升腹部肌肉力量

受训者通过该训练动作可有效提升腹直肌以及腹外斜肌肌肉力量。

3. 提升身体控制能力

受训者通过训练可以有效提升身体控制能力。

（二）准备姿势

选择平整、软硬适中的垫子或者平面，确保训练安全高效。受训者俯卧于垫面，手臂侧平举掌心触地，同伴将弹力带两端分别绑在受训者脚踝处，向脚延伸方向适当拉紧弹力带即可。

（三）动作过程

移动过程：受训者交替屈伸膝关节，使足跟尽可能触碰臀部（图4-49）。

呼吸方式：核心收紧保持均匀呼吸即可。

动作感受：感受核心收紧、勾起脚背的股二头肌主动发力。

（四）常见错误及纠正

1. 身体左右晃动

纠正：收紧核心肌群，始终保持身体呈一条直线。

2. 收腿幅度过小

纠正：确保收腿时尽可能将足跟贴紧臀部。如弹力带拉力过紧，可降低拉力。

3. 臀部撅起

纠正：保持臀部与身体在同一水平线上，避免撅臀。

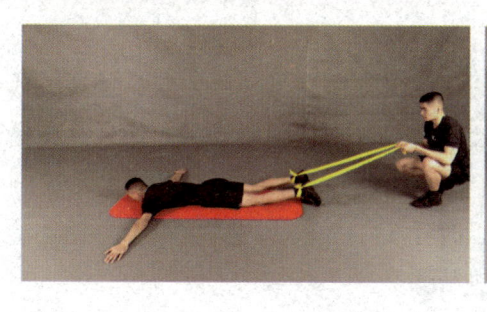

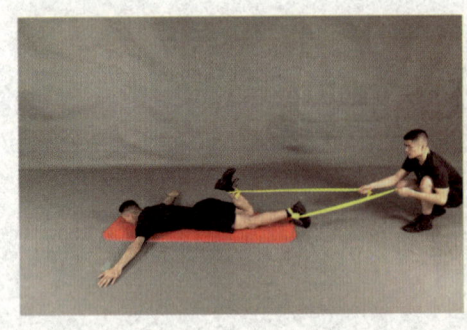

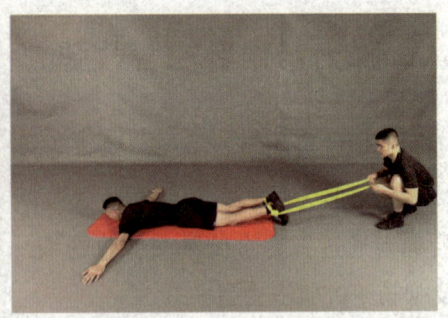

图4-49 弹力带俯卧交替收腿

九、弹力带前后摆越跳

（一）训练目的

1. 增强核心肌群力量

受训者通过弹力带前后摆越跳训练动作可有效锻炼腹直肌、腘绳肌、臀中肌以及下背部等肌群。

2. 提升髋关节灵活性

该训练动作可有效提升髋关节灵活性。

3. 改善体态

该训练动作有助于纠正骨盆倾斜，适合长时间坐办公室人员。

4. 提升身体协调能力

受训者通过该训练可有效提升身体协调控制能力。

5. 增强踝关节力量以及灵活性

做该动作需要受训者落地轻盈并快速交替，可提升踝关节力量和反应能力。

（二）准备姿势

受训者自然站立，同伴将弹力带两端绑于受训者脚踝并向受训者身后拉紧，弹力带贴近地面即可。

（三）动作过程

移动过程：受训者先双臂同时上摆，一侧腿支撑，另一侧腿向后伸展，成单腿展腹动作，然后伸展腿快速向前上方踢起同时双臂下摆触碰脚尖，最后换支撑腿完成动作，交替进行训练（图4-50）。

呼吸方式：双臂上摆时吸气，双臂上摆时呼气。

动作感受：感受大腿带动髋关节屈伸进行练习。

（四）常见错误及纠正

1. 身体不协调

纠正：可减慢速度，分步进行练习。

2. 摆动幅度过小

纠正：注意腿部前摆时，手尽可能触碰脚尖。

3. 身体左右晃动

纠正：注意核心主动收紧即可。

图4-50　弹力带前后摆越跳

十、弹力带前踢腿跑

（一）训练目的

1. 增强下肢肌肉力量

受训者通过弹力带前踢腿跑训练动作可以锻炼股二头肌、股四头肌等肌群。

2. 改善跑步姿势

该弹力带前踢腿跑训练动作可有效改善跑步姿势，提高运动表现。

3. 提升协调和平衡能力

该动作需要身体协调发力，可有效提升身体协调和平衡能力。

（二）准备姿势

受训者自然站立，同伴将弹力带两端绑于受训者脚踝并向受训者身后拉紧，弹力带贴近地面即可。

（三）动作过程

移动过程：受训者单侧腿抬起使双腿内夹角约为45°，抬起时腿部绷直，随后快速收回，另一侧腿快速抬起，交替进行训练即可（图4-51）。

呼吸方式：保持均匀呼吸即可。

动作感受：感受核心收紧，髋关节带动大腿发力，脚落地有弹性。

（四）常见动作及纠正

1. 踢腿高度不够

纠正：注意腿抬起时双腿夹角约为45°或适当降低弹力带拉力。

2. 向前踢小腿

纠正：感受髋关节带动大腿发力，而不是小腿向前踢。

3. 身体后仰

纠正：保持身体正直，腹肌收紧，上体前倾不超过10°。

图4-51 弹力带前踢腿跑

十一、弹力带原地A式跳跃

（一）训练目的

1. 提升下肢爆发力和肌肉力量

弹力带原地A式跳跃训练动作主要锻炼股四头肌、股二头肌以及臀大肌等肌群，通过锻炼可提升肌肉力量以及爆发力。

2. 增强身体协调与平衡能力

该动作需要身体协调发力，可有效提升身体协调和平衡能力。

3. 提升步幅

该训练可使受训者更好地体会下肢伸展和蹬地的动作，从而提升跑步时的步幅。

（二）准备姿势

受训者自然站立，同伴将弹力带两端绑于受训者脚踝并向受训者身后拉紧，弹力带贴近地面即可。

（三）动作过程

移动过程：受训者单腿屈膝抬起，使大腿与躯干夹角、膝内夹角小于90°，随后快速下落，正常衔接摆臂交替进行练习（图4-52）。

呼吸方式：腿抬起时呼气，下落时吸气。

动作感受：感受核心收紧，髋关节带动大腿提膝发力，脚落地有弹性。

（四）常见错误及纠正

1. 身体左右晃动

纠正：加强核心肌群的锻炼，保持身体稳定。

2. 提膝高度过低

纠正：髋关节放松积极前摆或适当降低弹力带拉力。

3. 向前提小腿

纠正：小腿放松不要刻意发力。

图4-52 弹力带原地A式跳跃

十二、弹力带原地B式跳跃

（一）训练目的

1. 提升下肢爆发力和肌肉力量

弹力带原地B式跳跃训练动作主要锻炼股四头肌、股二头肌以及臀大肌等肌群，通过锻炼可提升肌肉力量以及爆发力。

2. 增强身体协调与平衡能力

该动作需要身体协调发力，可有效提升身体协调和平衡能力。

3. 提升跑步经济性

受训者通过反复练习可提升跑步中能量的利用率。

（二）准备姿势

受训者自然站立，同伴将弹力带两端绑于受训者脚踝并向受训者身后拉紧，弹力带贴近地面即可。

（三）动作过程

移动过程：受训者单腿屈膝抬起，使大腿与躯干夹角、膝内夹角小于90°，随后小腿积极前摆下压趴地，正常衔接摆臂交替进行练习（图4-53）。

呼吸方式：腿抬起时呼气，下落时吸气。

动作感受：感受核心收紧，髋关节带动大腿提膝发力，小腿积极下压趴地。

（四）常见错误及纠正

1. 腿抬起高度过低

纠正：抬腿时要使大腿前侧，与躯干夹角小于90°，下落时小腿下压趴地。

2. 手脚动作不协调

纠正：手臂应与腿部动作同步摆动，对侧手臂随着膝盖抬高向前移动。受训者可以通过慢动作练习来体会手臂与腿部的协调配合。

3. 脚落地姿势不正确

纠正：落地时脚掌着地，膝盖微曲，以缓解落地时的冲击力。

图4-53 弹力带原地B式跳跃

十三、弹力带原地C式跳跃

（一）训练目的

1. 提升身体灵活性与协调性

受训者通过弹力带原地C式跳跃训练动作可提升身体灵活性及手脚配合能力。

2. 增强下肢力量

该动作主要锻炼股四头肌、臀大肌等肌群。

3. 提升核心稳定性

受训者做该动作时需要核心收紧保持身体平衡，有效锻炼核心肌肉，从而提升核心稳定性。

4. 增强膝关节稳定性

受训者通过该训练动作可以增强膝关节周围的肌肉力量，从而提高膝关节的稳定性和灵活性，减少运动损伤风险。

（二）准备姿势

受训者自然站立，同伴将弹力带两端绑于受训者脚踝并向受训者身后拉紧，弹力带贴近地面即可。

（三）动作过程

移动过程：受训者双手掐腰，小腿屈膝侧抬，使髋关节外旋约90°，随后原路返回，双腿交替进行练习（图4-54）。

呼吸方式：抬腿呼气，落腿吸气。

动作感受：核心收紧的同时感受髋关节放松，向体侧屈膝抬起。

（四）常见错误及纠正

1. 腿抬起高度过低

纠正：在提膝时，确保大腿与地面平行，以充分锻炼股四头肌。

2. 髋关节打开角度过小

纠正：做动作时注意髋关节放松，不宜过度收紧。

3. 身体姿态不稳定

纠正：在练习过程中始终保持腹部紧绷，提膝时挤压侧腹肌肉，身体不要后仰或前倾。

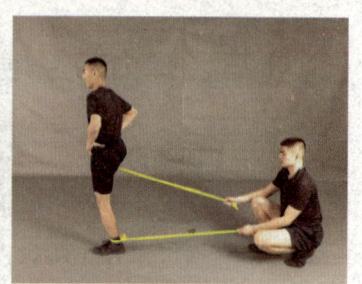

图4-54 弹力带原地C式跳跃

十四、弹力带并脚前后跳

（一）训练目的

1. 增强下肢肌肉力量

受训者通过弹力带并脚前后跳训练动作可有效锻炼股四头肌、腘绳肌以及小腿肌群，从而提升下肢肌肉力量。

2. 提高身体协调能力

该动作训练需要身体各个部位协调配合发力，从而提升身体协调能力。

3. 提升运动表现

受训者通过该动作训练可以提升下肢快速反应能力和爆发力，有效提升运动表现。

（二）准备姿势

受训者自然站立，同伴将弹力带两端绑于受训者脚踝并向受训者身后拉紧，弹力带贴近地面即可。

（三）动作过程

移动过程：受训者屈膝下蹲同时手臂微向后摆动，腿主动发力蹬地向前同时手臂向前摆动，落地时屈膝缓冲，顺势蹬地向后方跳跃返回起始位置，重复动作即可（图4-55）。

呼吸方式：起跳时呼气，落地时吸气。

动作感受：动作连贯，感受向前弹力带的拉力，注意屈膝缓冲。

（四）常见错误及纠正

1. 手臂动作不协调

纠正：注意下蹲时手臂后摆，发力时手臂前摆，可原地进行练习。

2. 身体落地过重

纠正：起跳和落地尽量保持轻盈，注意前脚掌着地。

3. 膝关节过伸

纠正：落地时注意屈膝缓冲，缓解膝关节压力。

图4-55 弹力带并脚前后跳

十五、弹力带原地单腿跳

（一）训练目的

1. 提升下肢爆发力和肌肉力量

弹力带原地单腿跳训练动作主要锻炼股四头肌、股二头肌、臀大肌以及比目鱼肌等肌群，通过锻炼可提升肌肉力量以及爆发力。

2. 增强身体协调与平衡能力

该动作需要身体协调发力，可有效提升身体协调和平衡能力。

3. 提升跑步经济性

受训者通过反复练习可提升跑步中能量的利用率。

4. 提升步幅

该训练可使受训者更好地体会下肢伸展和蹬地的动作，从而提升跑步时的步幅。

（二）准备姿势

受训者自然站立，同伴将弹力带两端绑于受训者脚踝并向受训者身后拉紧，弹力带贴近地面即可。

（三）动作过程

移动位置：受训者单侧腿撑地发力原地跳跃，起跳同时另一侧腿积极向前上方屈膝摆动，双臂同时向上跟随摆动发力（图4-56）。

呼吸方式：提膝呼气，下落吸气。

动作感受：支撑腿蹬地跳跃时顺势提膝收腿，感受身体整体向上发力。

（四）常见错误及纠正

1. 手臂动作不协调

纠正：注意下落时手臂下摆，发力时手臂上摆，可原地进行练习。

2. 身体落地过重

纠正：起跳和落地尽量保持轻盈，注意前脚掌着地。

3. 膝关节过伸

纠正：落地时注意屈膝缓冲，缓解膝关节压力。

图4-56　弹力带原地单腿跳

十六、弹力带原地纵跳

（一）训练目的

1. 提升下肢肌肉力量

弹力带原地纵跳训练动作可锻炼股四头肌、股二头肌以及比目鱼肌等肌群，从而提升下肢肌肉力量。

2. 提升身体协调能力

做该动作时需要手臂协调配合，帮助受训者更好地完成动作。

3. 增强心肺功能

连续长时间训练该动作，可持续刺激我们的心肺功能以及提升我们的有氧能力。

（二）准备姿势

受训者自然站立，同伴将弹力带两端绑于受训者脚踝并向受训者身后拉紧，弹力带贴近地面即可。

（三）动作过程

移动过程：受训者先微屈膝下蹲同时手臂稍向后摆，然后手臂上摆同时双脚蹬地跳起，重复进行训练即可（图4-57）。

呼吸方式：起跳时呼气，落地时吸气。

动作感受：跳跃时核心收紧，尽可能利用摆臂的惯性轻松跳跃。

（四）常见错误及纠正

1. 手臂动作不协调

纠正：注意下落时手臂下摆，发力时手臂上摆，注意摆动幅度不宜过大，可原地进行练习。

2. 身体落地过重

纠正：起跳和落地尽量保持轻盈，注意前脚掌着地。

3. 膝关节过伸

纠正：落地时注意屈膝缓冲，缓解膝关节压力。

图4-57 弹力带原地纵跳

十七、弹力带后踢腿跑

（一）训练目的

1. 提升下肢柔韧性

受训者通过弹力带后踢腿跑训练动作可以有效拉伸大腿前侧肌群和髋关节周围的肌肉与韧带，增强关节的灵活性，从而提高下肢柔韧性。

2. 增强下肢肌肉力量

受训者通过该训练动作可以锻炼大腿后侧腘绳肌以及臀大肌等肌群，从而提升下肢肌肉力量。

3. 改善跑步姿势

该训练可以改善跑姿中的腿部折叠动作，帮助跑者体会正确的跑步动作频率，从

而改善跑步姿势，提高跑步效率

（二）准备姿势

受训者自然站立，同伴将弹力带两端绑于受训者脚踝并向受训者身后拉紧，弹力带贴近地面即可。

（三）动作过程

移动过程：受训者双臂前后摆臂，一条腿支撑，另一条腿收小腿向上折叠，交替进行训练即可（图4-58）。

呼吸方式：保持均匀呼吸即可。

动作感受：感受股二头肌主动发力收腿折叠。

（四）常见错误及纠正

1. 脚落地时锄地

纠正：折叠向上发力而不是向下发力。

2. 身体过度后仰

纠正：做动作时核心收紧，身体稍向前倾。

3. 小腿折叠幅度过小

纠正：收小腿时尽可能足跟触碰臀部。

图4-58　弹力带后踢腿跑

十八、弹力带左右纵跳

（一）训练目的

1. 提升下肢爆发力

受训者通过弹力带左右纵跳训练动作可有效提升下肢爆发力，尤其是股四头肌、股二头肌和比目鱼肌。

2. 增强下肢肌肉力量

受训者通过该训练动作可锻炼股四头肌和股二头肌等肌群，从而提升下肢肌肉力量。

3. 提升身体协调能力

做该动作时需要手、腰和腿协调发力,从而更好提升身体协调能力。

（二）准备姿势

受训者自然站立,同伴将弹力带两端绑于受训者脚踝并向受训者身后拉紧,弹力带贴近地面即可。

（三）动作过程

移动过程:受训者屈膝下蹲同时手臂微向后摆动,腿主动发力蹬地向一侧跳跃同时手臂向前摆动,落地时屈膝缓冲,顺势蹬地向另一侧跳跃返回起始位置,重复动作即可（图4-59）。

呼吸方式:起跳时呼气,落地时吸气。

动作感受:动作连贯,感受脚向侧蹬地发力,注意屈膝缓冲。

（四）常见错误及纠正

1. 手臂动作不协调

纠正:注意下蹲时手臂后摆,发力时手臂前摆,可原地进行练习。

2. 身体落地过重

纠正:起跳和落地尽量保持轻盈,注意前脚掌着地。

3. 膝关节过伸

纠正:落地时注意屈膝缓冲,缓解膝关节压力。

图4-59 弹力带左右纵跳

第五章

核心训练动作

第一节　初级核心训练动作

一、弹力带转体

（一）训练目的

受训者通过弹力带转体训练动作提升核心力量、身体的柔韧性和旋转爆发力，同时该动作还可以起到改善体态的作用。

（二）准备姿势

选择平整、软硬适中的垫子或者平面，确保训练安全高效。两人相对站立，两脚左右开立与肩部同宽，两人分别固定弹力带的一端。

（三）动作过程

移动过程：一人固定弹力带静止不动，并将弹力带的一端固定在腰部附近，另一人腰背挺直，两脚前后站立呈弓箭步姿势，两臂伸直抓握弹力带的另一端，进行左（右）转体，然后还原成准备姿势（图5-1）。

呼吸方式：转动呼气，还原吸气。

动作感觉：腹部两侧发力。

结束动作：动作结束时，受训者也要保持正确的动作姿势控制肌肉发力；动作结束时，注意控制核心，避免转体速度过快，防止肌肉损伤。应当注意控制呼吸，避免出现憋气等情况。

（四）常见错误及纠正

常见的错误包括两脚没有踏实地面，随着身体的转动而转动，导致腹部核心肌肉没有得到充分锻炼；腰背没有挺直就转动，导致腰部损伤。为了避免这些错误应做到两脚踏实地面，避免肌肉产生代偿；腰背挺直、核心收紧进行转动。

第五章 核心训练动作

图5-1 弹力带转体

二、弹力带绕环

（一）训练目的

受训者通过弹力带绕环训练动作，可以有效活动肩关节，提高肩部的灵活性和柔韧性，起到预防肩关节损伤的作用；增强三角肌、斜方肌等肩带肌肉的力量，提高肩关节稳定性，强化肩带肌肉；提高手臂、肩部、身体的协调配合能力，长期训练有助于提高身体整体的协调性。

（二）准备姿势

选择平整、软硬适中的垫子或者平面，确保训练安全高效。两人相对站立，两脚左右开立与肩部同宽，两人分别固定弹力带的一端。

（三）动作过程

移动过程：两人腰背挺直、核心收紧，两臂伸直抓握弹力带的一端，两人分别向两个方向转体90°，再还原成准备姿势（图5-2）。

呼吸方式：转动呼气，还原吸气。

动作感觉：腹部两侧发力。

结束动作：动作结束时，注意控制核心，避免出现身体晃动等不稳定的情况。也应当注意调整呼吸，保持呼吸均匀。

（四）常见错误及纠正

常见的错误包括两脚没有踏实地面，随着身体的转动而转动，导致腹部核心肌肉没有得到充分锻炼；腰背没有挺直就转动，导致腰部损伤。为了避免这些错误应做到两脚踏实地面，避免肌肉产生代偿；腰背挺直、核心收紧进行转动。

图5-2 弹力带绕环

三、仰卧腿部交叉环绕

（一）训练目的

受训者通过仰卧腿部交叉环绕训练动作，强化核心控制能力，增强核心力量及稳定性，提升的运动表现能力。解决因核心力量不足导致的问题，如骨盆前倾等。

（二）准备姿势

选择平整、软硬适中的垫子或者平面，确保训练安全高效。两人相对坐于地面，两脚处于对方膝盖位置，两手向后撑于地面。

（三）动作过程

移动过程：两人核心收紧，控制两腿分别从对方两脚的外侧向里侧进行旋转，同时保持腿部不接触地面（图5-3）。

呼吸方式：两人均匀速呼吸。

动作感觉：感受核心发力。

（四）常见错误及纠正

1. 上体后仰

纠正：保持核心收紧，腰背挺直，两人相互提醒。

2. 两腿弯曲，未伸直

纠正：两人时刻保持伸、压脚尖。

图5-3 仰卧腿部交叉环绕

四、仰卧起坐传球

（一）训练目的

受训者通过仰卧起坐传球训练动作增强腹部肌肉力量，包括腹直肌、腹外斜肌、腹内斜肌等，以利于身体维持良好的姿态和身体平衡。在仰卧起坐与传球的连贯动作中，提升身体的协调性和灵活性，使动作更加流畅。将仰卧起坐与传球两个动作结合，有助于提高在类似运动中的传球技巧和精准度，提高在不稳定状态下控制身体和完成技术动作的能力。

（二）准备姿势

选择平整、软硬适中的垫子或者平面，确保训练安全高效。两人相对仰卧于地面，两脚分别勾住对方小腿部位，一人两手持药球置于胸前。

（三）动作过程

移动过程：两人同时利用腹部肌肉使上体抬起，持球人员借助上体抬起的惯性将药球传递给同伴，同伴两手臂伸直接球后缓冲置于胸前，重复同伴的动作（图5-4）。

呼吸方式：上体抬起时呼气，上体还原时呼气。

动作感觉：上腹部发力。

结束动作：传球动作完成后应注意保持正确呼吸，控制核心，保持上体缓慢下落。

（四）常见错误及纠正

常见的错误包括收腹抬上体时臀部抬起；收腹抬上体时左右摆动。为了避免这些错误应做到选择重量合适的药球进行训练。

图5-4　仰卧起坐传球

（五）变式训练

双人也可以采取抛球的形式进行，如图5-5所示。

图5-5 仰卧起坐抛球

五、双人侧向传球

（一）训练目的

受训者通过侧向传球训练动作可以增强腹部肌肉力量，包括腹直肌、腹外斜肌、腹内斜肌等，以利于身体维持良好的姿态和身体平衡；通过持续的双人互动，建立传球节奏和信任感，培养团队协作意识；强化核心力量与身体协调性；综合提升身体控制能力。

（二）准备姿势

选择平整、软硬适中的垫子或者平面，确保训练安全高效。两人左右站立，一人两手持药球置于胸前。

（三）动作过程

移动过程：两人腰背挺直、核心收紧，屈髋、屈膝的同时确保脚尖方向与膝盖方向保持一致，蹲至大腿与地面平行时，持球人员利用腹部力量转体90°将药球传递给同伴，重复练习（图5-6）。

呼吸方式：向下时吸气，向上时呼气。

动作感觉：感受大腿前侧、后侧、臀大肌、腹部转动一侧发力。

结束动作：待最后一次传球，受训者将球接住并稳定后，结束该训练动作。

（四）常见错误及纠正

常见的错误包括屈髋、屈膝时脚尖方向与膝盖方向未保持一致，导致膝关节产生损伤；传球的速度过快，影响同伴重心导致同伴摔倒。为了避免这些错误应做到下蹲时脚尖方向与膝盖方向保持一致，防止膝关节运动损伤；选择合适的距离和速度传球。

图5-6 双人侧向传球

六、弓箭步抛球

（一）训练目的

弓箭步姿势能有效锻炼股四头肌、臀大肌、腘绳肌及核心肌群，提高单腿支撑的平衡能力。在非稳定姿势（弓箭步状态）下完成抛球或传球，训练在身体失衡状态下传接球的精准度，提升动态传球能力。抛球时需要保持躯干稳定，避免发力导致身体晃动，从而提升核心肌群的抗旋转能力。

（二）准备姿势

选择平整、软硬适中的垫子或者平面，确保训练安全高效。配合站于受训者一侧，受训者两手持药球置于体前。

（三）动作过程

移动过程：两人腰背挺直、核心收紧，受训者一脚向前迈出一大步，下蹲至前侧大腿与地面平行，小腿垂直于大腿、地面，同时注意脚尖方向冲前，膝盖方向与脚尖方向保持一致，受训者利用腹部力量转体90°将药球传递给同伴（图5-7）。

呼吸方式：向下时吸气，向上时呼气。

动作感觉：感受大腿前侧、后侧、臀大肌、腹部转动一侧发力。

（四）常见错误及纠正

常见的错误包括屈髋、屈膝时脚尖方向与膝盖方向未保持一致，导致膝关节产生损伤；传球的速度过快，影响同伴重心导致同伴摔倒。为了避免这些错误应做到下蹲时脚尖方向与膝盖方向保持一致，防止膝关节运动损伤；选择合适的距离和速度传球。

图5-7 弓箭步抛球

七、横移对向传球

（一）训练目的

增强侧向移动的敏捷性，培养团队配合意识与空间感知能力。侧向移动时，核心肌群需要持续发力以保持身体平衡，避免传球时重心不稳，从而提升核心稳定性和平衡能力。

（二）准备姿势

选择平整、软硬适中的垫子或者平面，确保训练安全高效。两人相对站立，一人两手持药球置于胸前。

（三）动作过程

移动过程：腰背挺直、核心收紧，下蹲至前侧大腿与地面平行，利用并步向一侧移动，两腿每次并拢后，持球者将药球传递给同伴，重复练习（图5-5）。

呼吸方式：匀速呼吸。

动作感觉：感受大腿前侧、后侧、臀大肌、肱三头肌发力。

（四）注意事项

手臂完全伸展，传球后手臂应当保持伸直状态，手指指向传球方向。保持屈膝90°，膝盖不要超过脚尖。前脚掌着地，足跟微微抬起。两脚略宽于肩，保持稳定基座。

（五）常见错误及纠正

常见的错误包括屈髋、屈膝时脚尖方向与膝盖方向未保持一致，导致膝关节产生损伤；传球的速度过快，影响同伴重心导致同伴摔倒；重心起伏大，影响训练效果。为了避免这些错误应做到下蹲时脚尖方向与膝盖方向保持一致，防止膝关节运动损伤；选择合适的距离和速度传球。

图5-8 横移对向传球

八、TRX平板

（一）训练目的

强化核心肌群，主要锻炼腹直肌、腹横肌、腹斜肌、竖脊肌。提升躯干抗伸展能力，训练核心在悬吊不稳定情况下的静态控制能力。增强肩关节稳定性，通过自重悬吊强化肩胛骨周围肌群。

（二）准备姿势

选择平整、软硬适中的垫子或者平面，确保训练安全高效。两人前后站立。

（三）动作过程

前侧人员进行直臂平板支撑，并保持核心收紧，使肩、髋、膝、踝在一条直线上，后侧人员抓其双脚踝，置于身体两侧，维持身体稳定（图5-9）。

呼吸方式：匀速呼吸。

动作感觉：感受腹部发力。

结束动作：后侧人员将前侧人员双腿缓慢放落至地面，让其脚先着地，待其稳定后松开脚踝。前侧人员脚部着地稳定后，屈膝下落，注意下落速度，避免损伤膝盖。

（四）常见错误及纠正

常见的错误包括平板支撑人员塌腰、提臀导致腰部产生损伤。为避免这些错误应做到核心收紧，使肩、髋、膝、踝在一条直线上。

图5-9 TRX平板

九、双人平板穿梭

（一）训练目的

增强核心肌群力量：提高静态下核心肌肉的稳定能力，通过相互攀爬提高身体敏捷反应能力。

（二）准备姿势

选择平整、软硬适中的垫子或者平面，确保训练安全高效。一人进行直臂平板支撑。另一人站于俯卧撑人员的一侧。

（三）动作过程

核心收紧：在整个动作过程中，保持腹部肌肉的紧张状态，以帮助维持身体的稳定性。

移动过程：一人上体挺直，肩部稍向后张，进行直臂支撑，另一人从同伴的下方俯身穿过后，迅速转体再次面向同伴，两人交替进行（图5-10）。

呼吸方式：直臂平板支撑者采用腹式呼吸方式。

（四）常见错误及纠正

提臀、塌腰导致核心不稳定。纠正：始终保肩、髋、膝、踝在一条直线上，核心收紧。

图5-10 双人平板穿梭

十、直臂平板交替击掌

（一）训练目的

增强核心肌群力量：提高静态下核心肌肉的稳定能力，通过相互击掌提高合作意识。

（二）准备姿势

选择平整、软硬适中的垫子或者平面，确保训练安全高效。两人相对站立。

（三）动作过程

移动过程：两人进行平板直臂支撑，并保持核心收紧，使肩、髋、膝、踝在一条直线上，两人同时伸出左（右）手进行击掌，在击掌的同时保持身体稳定（图5-11）。

呼吸方式：匀速呼吸。

动作感觉：感受腹部发力。

（四）常见错误及纠正

常见的错误包括平板支撑人员塌腰、提臀导致腰部产生损伤。为避免这些错误应做到核心收紧，使肩、髋、膝、踝在一条直线上。

图5-11 直臂平板交替击掌

十一、半蹲交替伸手

（一）训练目的

1. 增强核心、下肢肌群力量

受训者通过静止深蹲动作强化下肢肌肉等长收缩能力，强化下肢肌肉耐力，通过两人相互拉动手臂，强化核心力量及稳定性。

2. 提升运动表现

提升下肢力量和下肢的肌肉耐力，提高核心在不稳定状态下的稳定能力，从而提升运动表现。

3. 改善体态

解决下肢稳定力量不足导致的膝关节问题，从而改善体态。

（二）准备姿势

选择平整、软硬适中的垫子或者平面，确保训练安全高效。两人相对站立，两人屈膝、屈髋，深蹲至大腿与地面平行，两手交叉互握手腕位置。

（三）动作过程

移动过程：两人深蹲保持不动，时刻保持大小腿夹角为90°左右，同时腰背挺直、核心收紧，两人互相将对方手臂拉向自己腋下，同时还要保持自身稳定性（图5-12）。

呼吸方式：两人均匀速呼吸。

动作感觉：感受腿部、核心、背部发力。

（四）常见错误及纠正

1. 出现弯腰、弓背等现象

纠正：保持核心收紧、腰背挺直，两人相互提醒对方。

2. 两腿的膝关节方向和脚尖方向不一致

纠正：深蹲过程中始终保持膝关节方向和脚尖方向一致

3. 使用暴力拉动，导致两人都摔倒

纠正：在拉动的过程中，两人要确保安全拉动。

图5-12 半蹲交替伸手

十二、仰卧登山

(一)训练目的

锻炼腰腹部肌肉,特别是腹肌和髂腰肌。促进双下肢血液循环,减少深静脉血栓的发生。对腰椎间盘突出症患者或腰椎管狭窄症患者有帮助。有助于瘦腿和减少体脂。

(二)准备姿势

仰卧在垫子上,双手伸直掌心向下放在身体两侧。双腿并拢,弯曲膝盖,腰部和地面有一掌的距离。腹部收紧,颈部放松,上身不动,两名受训者两脚相对。

(三)动作过程

保持右脚贴近腹部,吸气的同时左脚缓慢向上蹬,蹬的时候脚尖向内勾起,直至右腿垂直90°。左脚到达顶点之后,将脚尖绷直,然后呼气,呼吸的同时尽量保持左脚笔直向地面方向移动,腹部收紧。右腿不动,左腿绷直向地面移动的过程中腹部要注意收紧,速度要平稳缓慢,直至腿与地面夹角呈45°。保持左脚贴近腹部,吸气的同时右脚缓慢向上蹬,蹬的时候脚尖向内勾起,直至左腿垂直90°。右腿到达顶点之后,将脚尖绷直,然后呼气,呼吸的同时尽量保持右腿笔直向地面方向移动,腹部收紧。左腿不动,右腿绷直向地面移动的过程中腹部要注意收紧,速度要平稳缓慢,直至腿与地面夹角45°。仰卧登山训练如图5-13所示。

结束动作:吸气,双腿屈膝,回到起始姿势。呼气,双腿向下,双脚踩实垫面,双腿依次伸直,回到仰卧。

(四)常见错误及纠正

1. 膝关节内扣或X腿型

纠正:调整双膝和脚尖的位置,保证双腿的膝关节和脚尖在同一个方向,并且膝盖不能超过脚尖。

2. 膝关节锁死

纠正：保持双腿的膝关节微微弯曲，让双腿的肌肉张力去对抗负重量。

3. 骨盆后倾

纠正：调整姿势，使背部靠紧椅背，把臀部和后坐垫之间的缝隙最大限度地变小。

4. 腰椎没有紧贴在地面

纠正：稳定躯干，脊柱向下压实地板。

5. 腹部没有收紧

纠正：启动核心力量，骨盆不移动。

图5-13 仰卧登山

十三、坐姿收腿

（一）训练目的

1. 强化核心肌群

重点刺激腹直肌、腹内外斜肌，提升腹部力量与稳定性。

2. 改善体态

缓解久坐导致的腰背酸痛，辅助纠正骨盆前倾。

3. 下肢塑形增效

增强大腿内侧肌肉（如耻骨肌、股薄肌），改善腿型线条。

4. 促进代谢循环

受训者通过动态收腿动作加速腹部血液循环，提升消化效率。

（二）准备姿势

受训者坐于瑜伽垫或平整地面，上体稍后倾，屈膝收腿，手臂撑于身体两侧，保持身体稳定，两名受训者两脚相对。注意骨盆保持中立位，避免过度前倾或后倾。

（三）动作过程

吸气时屈膝上提膝盖至胸部，双手辅助保持平衡。大腿贴近腹部时停顿1~2s，感受腹肌充分收缩。呼气时缓慢下放双腿，保持核心持续张力。两名受训者交替进行收腿及还原，一名受训者进行收腿训练时，另一名受训者进行伸腿训练，两名受训者保持两脚相对（图5-14）。

结束动作：双腿并拢下放至地面，缓慢调整坐姿至初始位置，避免突然放松。

（四）常见错误及纠正

1. 骨盆前倾

纠正：调整坐姿，使用坐垫或靠垫提供额外支撑。

2. 腰部酸痛

纠正：加强腹部力量训练，避免腰部肌肉代偿。

3. 动作过快

纠正：控制速度，保持躯干稳定。

4. 呼吸不畅

纠正：采用抬腿时吸气，下落时呼气的方法。

图5-14 坐姿收腿

十四、直臂平板支撑击掌

（二）准备姿势

选择平整、软硬适中的垫子或者平面，确保训练安全高效。两人相对站立。

（三）动作过程

移动过程：两人进行直臂平板支撑，并保持核心收紧，使肩、髋、膝、踝在一条直线上，两人同时伸出异侧手击掌，在击掌的同时还要保持身体稳定（图5-15）。

呼吸方式：匀速呼吸。

动作感觉：感受腹部发力。

（四）常见错误及纠正

常见的错误包括平板支撑人员塌腰、提臀导致腰部产生损伤。为避免这些错误应做到核心收紧，使肩、髋、膝、踝在一条直线上。

图5-15　直臂平板支撑击掌

十五、仰卧V字支撑

（一）训练目的

强化核心肌群，加强静态核心控制。

（二）准备姿势

两人仰卧于地面，抬起双腿，足跟触碰，呈V字形，手臂伸直放于大腿前侧。

（三）动作过程

保持静态姿势，注意腹部呼吸（图5-16）。

（四）常见错误及纠正

躯体角度不够，训练效果减弱。

纠正：调整躯体角度，提高训练效果。

图5-16　仰卧V字支撑

十六、仰卧脚底触碰V字甩绳

（一）训练目的
强化核心肌群，加强静态核心控制，提高手臂力量。

（二）准备姿势
两人仰卧于地面，抬起双腿，足跟触碰，呈V字形，手臂伸直放于大腿前侧。

（三）动作过程
保持静态姿势，注意腹部呼吸，同时双手做腰绳动作（图5-17）。

（四）常见错误及纠正
上体躯体角度不够，训练效果减弱。纠正：调整躯体角度，提高训练效果。

图5-17 仰卧脚底触碰V字甩绳

十七、直臂支撑登山跑

（一）训练目的
1. 增强核心肌群力量

受训者通过直臂平板支撑、俯身登山跑训练动作强化核心肌肉力量，增强核心的稳定能力。

2. 提升运动表现

提高核心的稳定能力，从而提升运动表现。

3. 改善体态

解决核心力量不足导致的体态问题，如含胸低头等。

（二）准备姿势
选择平整、软硬适中的垫子或者平面，确保训练安全高效。两人左右站立，一人进行直臂平板支撑,另一人双手放于其背部,直臂平板支撑。

(三)动作过程

移动过程:直臂平板支撑人员保持踝、膝、髋、肩在一条直线上并保持静止不动,另一人进行俯身登山跑练习,在练习过程中,保持挺胸抬头,两臂伸直,核心收紧,两腿交替进行,同时在支撑时保持踝、膝、髋、肩在一条直线上(图5-18)。

呼吸方式:两人均采用胸式呼吸方式,采用三步一呼、三步一吸的呼吸方式。

动作感觉:感受核心发力。

(四)常见错误及纠正

出现塌腰、提臀等现象。纠正:保持核心收紧,时刻保持踝、膝、髋、肩在一条直线上并保持静止不动,人及时提醒彼此动作要领。

图5-18 直臂支撑登山跑

第二节 中级核心训练动作

一、四点支撑

(一)训练目的

1. 增强核心稳定性

受训者通过四点支撑姿势,激活腹部、背部和臀部等多处核心肌群,提高身体在各种动作中的平衡控制能力。

2. 强化上肢力量

在支撑中,身体的部分重量由手臂支撑,有效锻炼肩部、手臂和胸部力量,提升上肢的支撑力、推举力、拉力、上肢肌肉耐力和爆发力。

3. 提高身体协调性及稳定性

四点支撑需要身体各部位协同配合，可以有效提高身体协调性。保持正确的姿势和动作节奏，有利于加强肌肉神经之间的联系，提高身体稳定性，提升动作的灵活性和流畅度。

（二）准备姿势和动作过程

选择合适的配重人员和平整、软硬适中的垫子或者平面，确保训练安全高效。一人四点支撑在垫面上，两臂伸直，核心收紧，背部保持挺直，另一人站于受训者前方，双手搭于其肩上，两臂交替发力前推，破坏其重心稳定性（图5-19）。

呼吸方式：保持均匀呼吸。

动作感觉：感受核心发力，控制核心稳定性，对抗外力。

结束动作：缓慢过渡，从下犬式开始，吸气抬头，双脚向前走或跳回双手旁边，回到站立前屈。也可以选择双膝跪地，回到婴儿式放松拉伸。

（三）常见错误及纠正

常见的错误包括抬四点支撑时手臂未伸直，核心未收紧，腰背未挺直，导致受到外力时重心剧烈晃动；配合者给予受训者外力过大，导致受训者无法控制自身稳定。纠正：为避免这些错误，应做到手臂伸直核心收紧、腰背挺直；配合者应适当施加外力。

图5-19 四点支撑

二、伙伴投掷腿

（一）训练目的

提高腹部力量，增强核心控制能力。提升动作协调性、下肢力量传动效率，强化下肢与身体其他部位的协调配合能力。培养运动感知能力，在训练过程中，受训者可以更加敏锐地感知腿部动作的幅度、速度和力量变化。

（二）准备姿势

受训者躺于配合者脚前，双手握住配合者的脚踝。受训者两脚及两腿并拢自然伸直。

（三）动作过程

受训者腹部发力，将双腿向上举起，举至与地面垂直，尽量保持双腿并拢。在上举过程中，注意核心发力，避免手臂发力过多，注意保持均匀呼吸。当受训者腿部上举到合适位置后，配合者将受训者双腿推向地面，注意发力不要过猛，受训者注意在上举双腿及下放过程中均应当注意背部紧贴地面。在下放过程中，受训者应当控制核心发力，与配合者所施加的向下的推力进行主动对抗，保持腿部缓慢下放，做缓慢离心收缩。同时，注意调整呼吸，避免出现憋气的情况，从而增加心脏的负担。训练过程中，如要锻炼腹斜肌，配合者对受训者腿部施加推力时，保持一定的角度即可（图5-20）。

动作完成后，受训者双腿缓慢落至地面，平躺于地面，调整呼吸，避免突然起身导致头部供血不足出现头晕的情况；俯卧于地面，双手手臂撑地，大致与地面垂直，双腿自然后伸，缓慢向后伸展上体，拉伸腹部肌肉，缓解肌肉疲劳。

（四）常见错误及纠正

1. 受训者核心未收紧，导致身体摇晃

纠正：配合者减小推力，使受训者逐渐适应发力过程，受训者时刻保持核心收紧。

2. 受训者腿部弯曲，影响训练效果

受训者通过绷脚尖的方式使腿部伸直，以获得预期的训练效果。

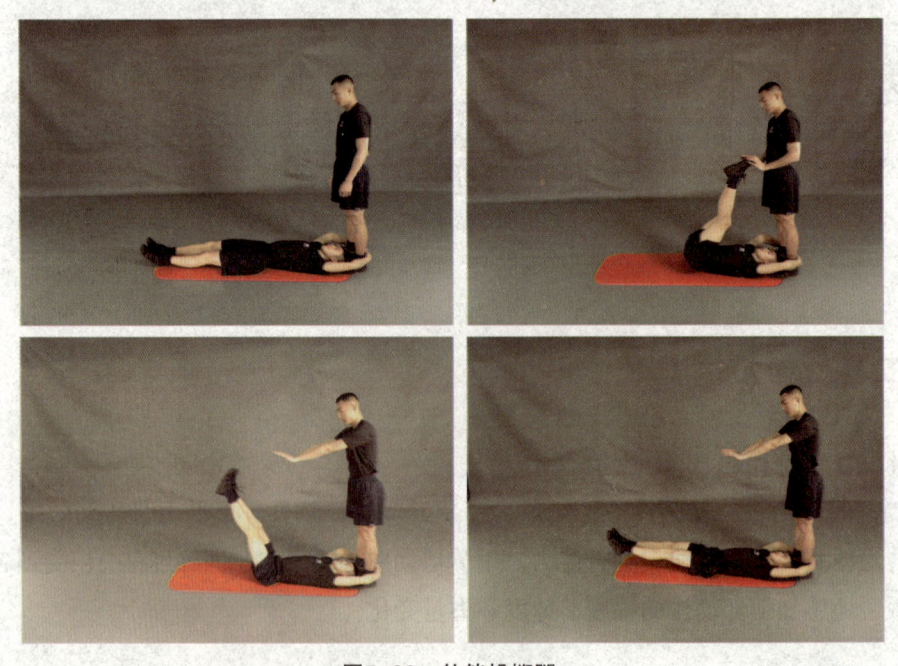

图5-20　伙伴投掷腿

三、反向卷腹

（一）训练目的

1. 提高核心稳定性

反向卷腹在提升腹部力量的同时，也能增强核心肌群的协同工作能力，为身体在各种运动和日常生活中提供稳定的支撑。

2. 强化腹部肌肉力量

反向卷腹重点锻炼腹直肌下部，能够有效增强该部位肌肉的力量与耐力，使腹部肌肉更加紧实，有助于肢部线条的塑造。

3. 改善体态

强大的腹部肌肉有助于维持脊柱生理曲度，缓解腰部压力，从而纠正不良姿势，降低姿势不良引发的腰部疼痛或其他身体损伤风险。

4. 提升运动表现

受训者通过反向卷腹训练动作增强腹部肌肉力量，从而提升运动表现。

（二）准备姿势

受训者平躺于地面，两腿并拢，直腿向上抬起，身体夹角约为90°。两手置于体侧。配合者站在受训者一侧，双手握其脚踝部位。

（三）动作过程

受训者向上顶髋，将腿竖直向上伸出，用上背部为支点，当腿部到达最高点时，稍作停顿，核心收紧，腹部发力控制臀部缓慢下落（图5-21）。

在动作过程中注意保持腹部持续发力，控制好动作的速度和幅度，避免利用惯性做动作。以正确的动作为前提，不要过度追求动作的幅度，循序渐进，逐渐增加动作的难度。

结束动作：动作完成后，受训者臀部缓慢落地，配合者待受训者身体稳定后，松开其脚踝，让其双腿自然下落。双腿下落速度注意不要过快，待腿部平稳落地后，呈站立姿势。

（四）常见错误及纠正

受训者核心不稳定、伸髋方向不正确导致腿部向斜上方伸出。纠正：配合者可以抓受训者脚踝部位，帮助其向上伸髋伸腿。

在下落过程中，受训者核心力量补不足，导致腿部下落速度过快。纠正：配合者可以辅助受训者缓慢下落，注意不要给予其过多的力量，主要依靠受训者腹部力量控制双腿下落速度。

图5-21 反向卷腹

四、TRX平板开合

（一）训练目的

1. 强化上肢力量，增强核心稳定性

训练中需要受训者保持核心肌群持续发力维持身体平衡与稳定，从而提高核心肌群力量和控制能力。

2. 提升身体协调性

只有上肢、核心和下肢协同配合，TRX平板开合训练动作才能流畅、稳定地完成，长期训练有助于提高身体的协调性。

（二）准备姿势

受训者俯卧，手臂支撑起身体，双手支撑位置位于肩部正下方，手臂伸直，肩膀与手腕呈一条直线，核心收紧，肩、背、臀、膝略呈一条直线。配合者将受训者腿部抬起，注意抬起角度不要过高，使受训者身体略成一条直线即可，握住受训者脚踝部位时，不要过度用力，避免影响受训者发力。

（三）动作过程

受训者核心收紧，肩部与背部成直线，避免塌腰或撅臀；头部自然下垂，颈部放松，视线朝地面方向；呼气时，双腿向两侧缓慢打开，打开至髋关节最大活动度，控制身体中心，稳定核心，防止身体不平衡导致晃动；全程保持平板姿势，核心肌群持续发力，防止左右摇晃或臀部抬高（图5-22）。

待受训者训练结束且身体重心稳定后，配合者缓慢将受训者腿部放至地面，保证其脚尖先着地，稳定后，缓慢让受训者膝关节着地，避免下放速度过快导致受训者膝关节损伤。

（四）常见错误及纠正

核心松弛，腰部下塌，下背部明显下沉，腹部未收紧，臀部抬得过高或下垂。纠正：核心收紧，保持骨盆后倾，腹肌、臀肌主动发力，避免腰部下塌。肩胛不稳定，耸肩或塌腰，肩胛骨未保持中立位，耸肩或肩关节前引。纠正：肩胛骨微微后缩下沉，避免耸肩或含胸。双脚开合幅度过大或过小。纠正：双脚开合距离适中，约1.5倍肩宽，避免开合过大导致重心不稳。

图5-22　TRX平板开合

五、TRX平板摇摆

（一）训练目的

锻炼腹部、背部和骨盆底肌肉，提高核心，稳定性。通过控制身体摇摆，受训者可以提高对身体各部分肌肉的控制能力。作为一种高强度间歇训练（HIIT），TRX平板摇摆有助于提高新陈代谢率，燃烧更多卡路里。促进身体协调，提升身体协调性和平衡能力。

（二）准备姿势

受训者直臂平板支撑，两手分开与肩同宽，核心收紧，保持肩、背、臀、膝呈一条直线。配合者抓受训者脚踝将其抬起，注意抬起高度不要过高，尽量保持与受训者肩部同高。

（三）动作过程

受训者身体前倾，慢慢将身体重心前移，使身体形成一定角度，但保持核心稳定，不要让身体塌陷；利用核心力量，将身体向左向右摆动，然后回到起始的直臂平板支撑位置。注意控制摆动幅度（图5-23）。

在整个训练过程中，受训者保持呼吸均匀，不要屏气。根据个人体能，做2~3组，每组10~15次。配合者在受训者摆动过程中注意不要过度用力抓紧其脚踝，避免破坏其发力模式，同时不要给予其外力辅助。

完成动作后，受训者缓慢降低身体，膝盖着地，然后坐到足跟上，进行放松。配合者待受训者膝盖缓慢着地后方可松手，避免松手过快导致受训者膝盖受伤。

（四）常见错误及纠正

身体左右摇摆幅度过大，超出核心控制范围，导致重心偏移。纠正：小范围摆动，确保由核心主导，而非惯性带动，节奏放慢，提高控制力。

2. 用髋部带动摇摆，而非核心抗旋转发力，训练效果降低，可能引发髋关节或下背不适。纠正：仅靠核心带动轻微摆动，髋部尽量保持稳定。

3. 手腕过度伸展或肘超伸，导致关节压力增加，长期可能引发肘部或腕关节疼痛。纠正：手肘和手腕对齐肩膀，肘部保持微曲，不要锁死。

图5-23　TRX平板摇摆

六、TRX单腿收腹

（一）训练目的

强化核心肌群，特别是腹直肌，提高腹部力量；受训者通过单腿支撑，提升身体稳定性；增强肌肉控制力；促进肌肉协调。

（二）准备姿势

受训者直臂平板支撑，身体略呈一条直线，核心收紧，不要出现塌腰或撅臀。训练者抓其两脚踝并抬起，将其两腿左右分开置于体侧。受训者身体前倾慢慢将身体重心前移，同时保持背部挺直，核心紧绷，使身体与地面呈大约45°角。

（三）动作过程

受训者收腿的同时，用核心力量将抬起的那条腿向胸部靠拢，做收腹动作。保持背部挺直，避免弯腰或拱背，控制速度，避免过快导致动作不准确或受伤。放腿时，缓慢将腿伸直回到起始位置，但不要让脚触地。配合者应注意控制力度，避免产生与受训者相对抗的力，进而影响受训者的发力。受训者在训练过程中注意控制呼吸，收腹与伸腿时应当保持均匀呼吸避免出现憋气的情况。TKX单腿收腹训练动作如图5-24所示。

完成训练后，配合者缓慢将受训者双腿放至地面，让其脚尖先着地，然后膝关节缓慢落地。受训者待膝关节缓慢着地且稳定后，双脚并拢成站立姿势。

（四）常见错误及纠正

腰部代偿，收腹时腰椎过度弯曲或下背部塌陷，核心未全程收紧。纠正：核心收紧，保持腹肌紧绷，骨盆后移。

肩胛不稳定，肩胛骨未保持下沉后缩，耸肩或肩部前引，肩关节压力过大，长期可能引发肩峰撞击或斜方肌酸痛。纠正：肩胛稳定，肩胛骨下沉后缩，避免耸肩或含胸。

图5-24　TRX单腿收腹

七、TRX平板收腹

（一）训练目的

强化核心肌群，尤其是腹直肌，提高腹部力量和耐力；提升核心稳定性；增强肌肉控制力；促进肌肉协调。

（二）准备姿势

受训者直臂平板支撑，直臂撑地，手臂分开大致与肩同宽且手腕位置位于肩部正下方，脚尖勾起。双臂伸直，核心收紧，避免出现身体晃动等情况。配合者抓其两脚踝并抬起。

（三）动作过程

受训者收腿，同时保持双臂伸直，慢慢将膝盖向胸部靠拢，保持身体呈直线，避免臀部下沉或抬起，进行收腹动作；放腿，控制速度，避免过快导致动作不准确或受伤，缓慢将腿伸直回到平板支撑姿势（图5-25）。在收放腿过程中控制核心，注意保持正确的呼吸节奏，均匀呼吸，避免在控制核心及发力过程中出现憋气的情况。

训练完成后,受训者缓慢屈膝,将膝盖缓慢落至地面,配合者待稳定后将其双脚放至地面,避免下放过快导致膝盖损伤。

（四）常见错误及纠正方法

腰部代偿,收腹时腰椎过度弯曲或下背部塌陷,核心未全程收紧。纠正：核心收紧,保持腹肌紧绷,骨盆后移。

手腕过度伸展或肘超伸,导致关节压力增加,长期可能引发肘部或腕关节疼痛。纠正：手肘和手腕对齐肩膀,肘部保持微曲,不要锁死。

图5-25　TRX平板收腹

八、双人腿部摇摆

（一）训练目的

1. 增强核心稳定性

双人腿部摇摆需要两人通过腿部和核心肌群的协同作用完成动作,可以有效提升核心肌群的力量和稳定性。

2. 提高协调性与默契

训练过程中需要两人动作同步,有助于增强身体协调性,同时培养彼此之间的默契。

3. 锻炼腿部肌肉

受训者通过腿部摇摆的动作,增强大腿前侧的股四头肌、大腿后侧的股二头肌以及臀部肌肉的力量。

4. 增强趣味性

双人合作训练相较于单人训练更具互动性和趣味性,能够减弱健身的枯燥感,提升参与积极性。

（二）准备姿势

训练前确保场地平整,避免在湿滑或障碍物较多的地方进行。初学者可以从小幅度的动作开始,逐步增加强度和持续时间。

双人头朝相反方向进行直臂平板支撑，核心保持收紧，保持身体呈一条直线，肩、背、臀在同一平面内，略呈一条直线。

两人小腿部位重叠，脚尖着地，保持腿部稳定，双方同时收紧腹部核心，上体保持平衡，避免过度前倾或后仰，双脚分开角度与肩同宽，便于二者小腿重叠后保持身体稳定状态。

（三）动作过程

1. 两者保持直臂平板支撑，核心收紧，保持核心稳定，进行左右跳跃，在跳跃过程中，注意控制速度，待第一次跳跃落地稳定后，再次进行下一次跳跃。

2. 节奏：两人需保持动作同步，尽量让腿部的摇摆动作协调一致。

3. 幅度：根据个人能力，逐渐增加腿部摇摆的幅度，但避免过度拉伸导致受伤。

4. 呼吸：保持自然呼吸，配合动作的节奏，腿部摇摆时，注意膝盖不要过度弯曲或锁死，以免造成关节压力。

（四）结束动作

1. 恢复站姿：两人同时停止腿部摇摆，缓慢恢复到准备姿势，双脚站稳。

2. 两者停止训练时，缓慢将重叠的双腿抬至地面，待脚部落地稳定后，缓慢将双膝落至地面，避免双腿落地过快导致膝盖发生损伤。

3. 避免突然停止：动作结束后，不要立即停止运动，可以通过缓慢的深呼吸帮助身体恢复。

4. 放松拉伸：双腿交替前后踢腿，以放松大腿和小腿的肌肉，做简单的深蹲动作，以缓解腿部肌肉的紧张感。

图5-26 双人腿部摇摆

九、对脚仰卧挺髋

（一）训练目的
增强臀部肌肉力量，特别是臀大肌的力量，有助于塑造臀部线条，提升臀部的美观度。增强大腿后侧的腘绳肌群力量，有助于提升跑步、跳跃等运动的表现。受训者通过保持躯干的稳定，提高核心肌群的力量和耐力，有助于改善身体姿势和平衡能力。

（二）准备姿势
两人仰卧于平坦的垫子上，两脚相对，屈膝屈髋，双脚分开略比肩宽，脚尖微外展，两脚底相对。双手平放在身体两侧，掌心向下，身体放松。深呼吸，放松身心，准备开始训练。

（三）动作过程
两人吸气准备发力，呼气的同时臀部肌肉用力，将髋部向上挺起，使膝关节、髋关节和肩部保持在一条直线上。在最高点停留1~2s，感受臀部肌肉的收缩。吸气，控制臀部肌肉缓慢下放，使髋部回到起始位置，保持腰部紧贴地面，避免腰部过度用力。在整个过程中，两人靠单腿将髋部挺起，抬起的腿部互相蹬腿维持身体稳定性。对脚仰卧髋训练动作如图5-27所示。

完成训练后，不要立即起身，而是在垫子上放松身体，深呼吸几次，让心率逐渐恢复正常。进行大腿后侧和臀部的拉伸，帮助肌肉恢复，缓解肌肉酸痛。

（四）常见错误及纠正
1. 腰部用力过多

纠正：在挺髋时，注意保持腰部紧贴地面，通过臀部肌肉的收缩来抬起髋部。可以在腰部下方垫一块毛巾或瑜伽垫，提醒自己不要抬起腰部。

2. 脚尖内扣或外展过度

纠正：保持脚尖微外展，与肩同宽或略宽于肩，确保髋关节和膝关节在正确的位置上进行运动。

3. 动作速度过快

纠正：控制速度，在挺髋时用力收缩臀部肌肉，在还原时缓慢下放，感受肌肉的收缩和放松。

4. 呼吸不协调

纠正：挺髋时呼气，还原时吸气，保持呼吸的顺畅。

图5-27 对脚仰卧挺髋

十、侧式转体卷腹

（一）训练目的

锻炼腹外斜肌和腹直肌，提高身体的旋转能力及核心稳定性；提升身体协调性和平衡能力，增强腰部和腹部的支撑力量；提升运动表现。

（二）准备姿势

仰卧在垫子上，背部保持平直，双腿屈膝，双脚平放在地面上。双手交叉抱头，或者将一只手放在脑后，另一只手放在胸前，以帮助控制头部动作，避免颈部受伤。确保头部和肩膀微微抬起，但背部仍然贴在垫子上，避免完全坐起。

（三）动作过程

吸气，双脚保持稳定，肩膀和头部同时向一侧旋转，同时用对侧手肘触碰同侧膝盖。在旋转过程中，核心肌群保持紧张，避免完全依靠惯性完成动作，头部和肩膀应始终抬起，但背部不要离开垫子。在发力过程中，避免用颈部发力，头部保持自然生理状态，以免造成颈部损伤。要始终保持核心收紧，以确保动作的准确性和训练效果。在卷腹转体过程中，注意控制动作幅度及动作速度，避免过快完成动作，同时注意控制呼吸节奏，避免出现憋气等情况。调整呼吸节奏，完成一侧的卷腹转体后，回到起始位置，重复此动作，换另一侧手肘触碰对侧膝盖。侧式转体卷腹训练动作如图5-28所示。

在完成计划的训练次数后，慢慢将头部和肩膀放回垫子上，恢复平躺姿势。

（四）常见错误及纠正

腰部代偿，用腰部力量带动旋转而非腹斜肌发力，腰椎过度扭转容易导致腰部酸痛或损伤。纠正：降低难度，双脚踩实地面，减小转动幅度。

惯性摆动，靠身体摆动完成动作，失去肌肉控制，训练效果差，可能拉伤肌肉。纠正：在顶点停顿3秒加强肌肉感受。

图5-28 侧式转体卷腹

十一、弹力带抗屈伸

（一）训练目的

1. 增强肌肉收缩能力

受训者通过弹力带提供的可调节阻力，有效刺激目标肌群，提高肌肉收缩能力。

2. 提升关节稳定性

通过抗阻训练，可以增强关节周围的肌肉力量，从而提高关节的稳定性。

3. 矫正动作

弹力带可以帮助改正深蹲、髋屈伸等动作中的错误，如膝盖内扣或髋部不稳定。

4. 促进肌肉平衡发展

弹力带训练可以交替锻炼不同肌群，避免局部肌肉过度疲劳或受伤。

（二）准备姿势

根据训练强度和个人力量水平选择适合的弹力带（颜色或厚度不同，阻力不同）。受训者俯卧于地面，呈平板支撑姿势。配合者站于受训者前方，握住弹力带一端，受训者一侧手臂握住弹力带另一端。

（三）动作过程

配合者握住弹力带一端，将其固定住，受训者握住弹力带另一端，拉向身体，拉动弹力带过程中注意控制身体；受训者将弹力带拉向身体时吸气，松开弹力带时呼气，整个训练过程注意控制呼吸节奏，发力时吸气（图5-29）。

完成动作后，对目标肌群（如大腿前侧、臀部和背部）进行静态拉伸，每个动作保持15~30s。轻微活动关节（如髋关节旋转、膝关节屈伸），帮助肌肉恢复。喝水以补充流失的水分，促进代谢。记录完成的组数、次数和使用的弹力带阻力，以便后续调整训练计划。

（四）常见错误及纠正

受训者向身体一侧拉弹力带时，身体发生侧转。纠正：收紧核心，控制核心稳定性，利用手臂力量拉拽弹力带。

臀部过高或过低，出现拱背或塌腰的情况。纠正：核心收紧，保持腹肌紧绷，骨盆后移。

图5-29 弹力带抗屈伸

十二、弹力带抗侧屈

（一）训练目的

1. 增强核心肌群力量

受训者通过弹力带抗侧屈训练动作，激活腹内外斜肌、腰方肌等核心肌群，提高身体的核心稳定性，在一定程度上还能帮助塑造腰部线条。

2. 改善体态

有助于解决含胸驼背、骨盆倾斜等问题，增强脊柱两侧的平衡能力。

3. 预防运动损伤

增强侧腰肌群可以减少姿势不良或不平衡导致的损伤风险。

4. 提升运动表现

该训练动作可提高核心稳定性，在跑步、游泳、球类运动中，核心稳定性的提高有助于提升动作协调性和效率，从而提升运动表现。

（二）准备姿势

根据训练强度和个人力量水平选择适合的弹力带（颜色或厚度不同，阻力不同）。受训者做侧平板支撑，肘部弯曲，支撑于地面，另一侧手握弹力带。配合者站于受训者正面一侧，握住弹力带另一侧。

（三）动作过程

受训者握紧弹力带，肘部弯曲，向后拉弹力带，拉弹力带时，注意手臂贴近身体，肘关节向后移动。配合者固定住弹力带另一端，避免弹力带前后移动，在受训者拉弹力带过程中，始终保持弹力带张力。受训者向一侧倾斜时吸气，还原时呼气，保持呼吸与动作的协调。弹力带抗侧屈训练动作如图5-30所示。

训练结束后，受训者双手慢慢松开弹力带，将其放置在一旁。然后进行全身的放松活动，如轻轻拍打腿部、腰部肌肉，或者进行一些简单的伸展动作，如站立位体前屈等，帮助放松肌肉，缓解训练后的肌肉紧张和肌肉酸痛。轻微活动关节（如髋关节旋转、脊柱侧屈），帮助肌肉恢复。

（四）常见错误及纠正

受训者出现塌腰的情况。纠正：受训者时刻保持核心收紧，夹紧臀部，避免臀部下落。

在拉拽弹力带过程中，由于核心未收紧，出现身体扭转的情况。纠正：在身体稳定的前提下，用手臂的力量向后拉拽弹力带。

图5-30 弹力带抗侧屈

十三、屈膝收腹左右伸展

（一）训练目的

1. 增强核心肌群力量

受训者通过屈膝收腹左右伸展训练动作强化核心肌肉力量，增强核心的稳定能力。

2. 增强大腿前侧肌肉力量

屈膝收腹腿左右伸展训练动作可以提高大腿前侧肌肉力量。

3. 改善体态

解决核心力量不足导致的体态问题，如含胸低头等。

（二）准备姿势

选择平整、软硬适中的垫子或者平面，确保训练安全高效。仰卧于地面，两人臀部和手臂着地。

（三）动作过程

移动过程：屈膝收腹团身，两人分别向两侧伸腿，左右交替进行（图5-31）。

动作感觉：感受核心发力。

（四）常见错误及纠正

屈膝收腹幅度不够，影响训练效果。纠正：提升屈膝程度，尽可能使大腿前侧贴紧胸部。

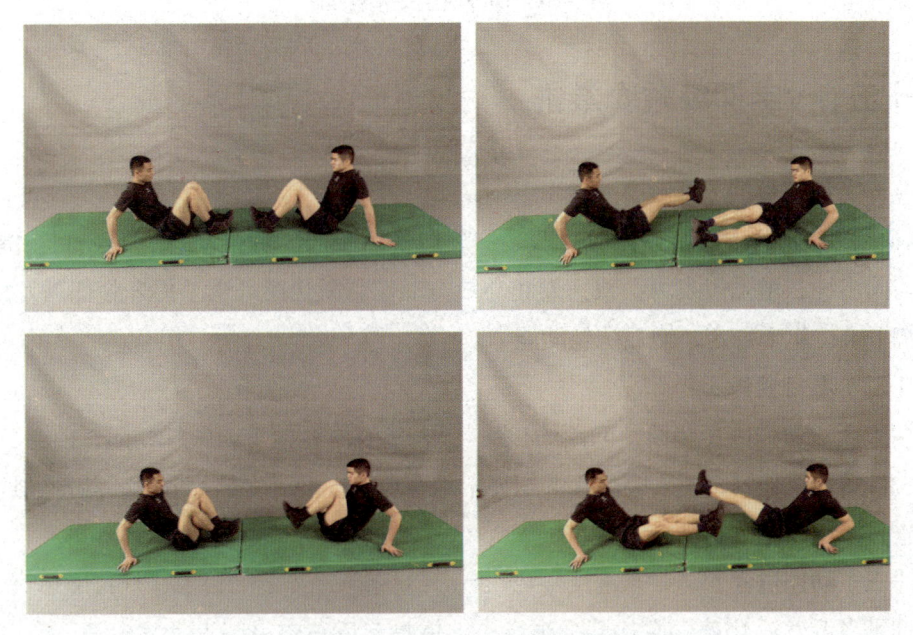

图5-31　屈膝收腹左右伸展

十四、仰卧四点支撑换腿跳

（一）训练目的

增强核心肌群力量、手臂力量、腿部力量。提高身体稳定性。

（二）准备姿势

一人进行臀桥支撑，臀部离开地面，另一人背向同伴，双手支撑于同伴膝盖位置。

（三）动作过程

双手支撑者进行弓箭步跳，每组练习20～30次（图5-32）。

199

（四）常见错误及纠正

臀桥练习者出现塌腰现象。纠正：注意保持臀部收紧，躯干与地面平行。

图5-32　仰卧四点支撑换腿跳

十五、V字仰卧触脚拳击

（一）训练目的

强化核心肌群，同步刺激腹直肌、腹斜肌及髂腰肌，加强动态核心控制；提升协调性与同步性；增强爆发力，快速卷腹与拳击动作刺激快肌纤维，提升腹部爆发力；V字姿势下维持躯干稳定，增强抗晃动能力。

（二）准备姿势

两人面对面仰卧于垫面，间距约1米。一人坐姿屈臂抬手，两掌朝向正前方，另一人双手自然置于耳侧，两人脚部交叉相靠，踏实地面。仰卧者核心收紧，腰部贴地，下巴微收，保持颈部中立位。

（三）动作过程

仰卧者呼气，快速卷腹抬起上半身，上体抬起后，向另一人手掌出拳，左右各一次（图5-33）。出拳击掌动作完成后，控制身体缓慢落回起始位置。出拳击掌瞬间，保持躯干稳定，避免后仰或侧倾。

完成最后一次击掌后，仰卧者缓慢落回地面，双腿放松伸直，双臂置于体侧，侧身用手肘支撑起立，避免直接的腰腹部发力

（四）常见错误及纠正方法

1. 腰部离地或反弓

纠正：降低卷腹幅度，训练前在腰下垫毛巾，确保动作中毛巾始终贴紧。

2. 出拳时，身体后仰

纠正：击掌后短暂停留，感受腹肌收缩，再缓慢回落。

图5-33　V字仰卧触脚拳击

十六、瑜伽球屈臂支撑仰卧伸腿转体

（一）训练目的

强化核心肌群，加强动态核心控制；提高腹内外斜肌肌肉力量。

（二）准备姿势

两人面对面，一人支撑于瑜伽球上，另一人做仰卧起坐异侧肘触膝。

（三）动作过程

一人进行静力平板支撑，另一人左腿右肘和右腿左肘交替触碰，锻炼核心肌肉。

（四）常见错误及纠正

腰部塌腰或反弓。纠正：保持核心收紧，挺直腰腹部。

图5-34　瑜伽球屈臂支撑仰卧伸腿转体

十七、坐姿转体接抛球

（一）训练目的

强化核心肌群，加强动态核心控制。提高腹内外斜肌肌肉力量、核心爆发力

（二）准备姿势

一人保持俄罗斯转体准备姿势，双手持球，另一人保持弓箭步姿势面向同伴侧面。

（三）训练过程

一人进行俄罗斯转体侧抛球，另一人进行弓箭步接球并将球抛给同伴，两人重复进行（图5-35）。

（四）常见错误及纠正

抛球幅度过大，存在安全隐患。纠正：适当降低抛球幅度，提高稳定性。

图5-35　坐姿转体接抛球

十八、双手交替触碰直臂撑

（一）训练目的

1. 增强核心肌群力量

受训者通过双手交替触碰直臂撑训练动作强化核心肌肉力量，增强核心的稳定能力。

2. 提升运动表现

提高核心的稳定能力，提升运动表现。

3. 改善体态

解决核心力量不足导致的体态问题，如含胸低头等。

（二）准备姿势

选择平整、软硬适中的垫子或者平面，确保训练安全高效。两人前后站立，一人直臂支撑，另一人深蹲于地面。

（三）动作过程

移动过程：受训者保持腰背挺直、核心收紧，踝、膝、髋、肩在一条直线上，同伴伸出两手，受训者两手依次交替与同伴进行击掌（图5-36）。

呼吸方式：受训者采用胸式呼吸方式，匀速呼吸。

动作感觉：感受核心发力。

（四）常见错误及纠正

1. 受训者出现塌腰、提臀等现象

纠正：保持核心收紧，时刻保持踝、膝、髋、肩在一条直线上并保持静止不动，同伴及时提醒受训者动作要领。

2. 抬臂击掌时，受训者身体晃动幅度过大

纠正：时刻保持核心收紧，控制好身体重心。

图5-36　双手交替触碰直臂撑

十九、抬腿臂屈伸

（一）训练目的

1. 增强上肢力量

受训者通过抬腿臂屈伸训练动作强化上肢肌肉力量，增强上肢的爆发力。

2. 提升运动表现

提高上肢的肌肉力量，从而提升运动表现。

3. 改善体态

解决手臂力量不足导致的肘关节问题。

（二）准备姿势

选择平整、软硬适中的垫子或者平面，确保训练安全高效。两人前后站立，受训者两手扶一个固定物体的边缘，同伴抓握受训者的两脚踝位置，抬起置于身体的两侧位置。

（三）动作过程

移动过程：同伴抓握受训者脚踝位置，保持腰背挺直、核心收紧，静止不动，受训者两手臂弯曲，下放重心，使肘关节高于肩关节，然后还原成准备姿势（图5-37）。

呼吸方式：受训者采用腹式呼吸方式，屈臂吸气，伸臂呼气。

动作感觉：感受大臂后侧发力。

（四）常见错误及纠正

1. 受训者出现塌腰、提臀等现象

纠正：保持核心收紧，腰背挺直。

2. 进行臂屈伸时，两臂外展。

纠正：受训者在进行臂屈伸时两肘稍内收，或由辅助者固定两肘位置。

图5-37 抬腿臂屈伸

二十、俯卧交替放腿

（一）训练目的

1. 增强核心肌群力量

受训者通过直臂平板支撑动作强化核心肌肉力量，增强核心的稳定能力。

2. 提升运动表现

提高核心的稳定能力，从而提升运动表现。

3. 改善体态

解决核心力量不足导致的体态问题，如含胸低头等。

（二）准备姿势

选择平整、软硬适中的垫子或者平面，确保训练安全高效。两人前后站立，受训者进行直臂平板支撑，同伴双手抓握受训者两脚踝部位，置于身体两侧。

（三）动作过程

移动过程：受训者保持踝、膝、髋、肩在一条直线上并保持静止不动，同伴随机放开直臂支撑人员一侧脚踝，受训者核心发力保持腿部不接触地面（图5-38）。

呼吸方式：受训者采用胸式呼吸方式，匀速呼吸

动作感觉：感受核心发力。

（四）常见错误及纠正

受训者出现塌腰、提臀等现象。纠正：保持核心收紧，时刻保持踝、膝、髋、肩在一条直线上并保持静止不动，同伴及时提醒受训者动作要领。

图5-38 俯卧交替放腿

第三节　高级核心训练动作

一、双人平板变式

（一）训练目的

强化核心肌群，提升核心力量和稳定性；提升反应能力，增强心理素质；增强身体的平衡感和协调性。

（二）准备姿势

一名训练者保持平板支撑姿势，另一名训练者将双脚放置于同伴的背部位置。

（三）动作过程

两名受训者均要保持直臂平板支撑，控制核心，保持头、肩、背、臀、腿略呈一条直线。腹部收紧，颈部放松，保持专注。调整呼吸至平稳状态，准备同步动作。两人同时进行交替手支撑，保持髋部稳定（图5-39）。

训练结束后，位于下方的受训者，待上方的受训者稳定落地后，再缓慢屈膝下落，稳定身体后，结束训练动作。慢慢放松全身，恢复坐姿，调整呼吸，缓解肌肉紧张。

（四）常见错误及纠正

1. 腰椎下塌

纠正：保持核心肌群紧绷，避免腹部下垂。

2. 臀部高翘或下垂

纠正：调整姿势，保持身体平衡。

3. 抬头

纠正：保持颈部放松，避免过度用力。

4. 手肘位置不正确

纠正：手肘置于肩部正下方，避免额外压力。

5. 身体不呈一条直线

纠正：保持头、肩、背、臀、腿部在一条直线上。

图5-39 双人平板变式

二、平板仰卧挺髋

（一）训练目的

强化核心肌群，增强核心稳定性；改善体态，纠正含胸驼背，提升脊柱中立位控制能力；增强上下肢协调能力；增强肩部、手臂和背部的稳定性，提升身体控制能力。

（二）准备姿势

选择合适的瑜伽垫或其他较为柔软的地面。一人进行平板支撑练习，另一人将脚部放于同伴的背部进行臀桥练习。

（三）动作过程

平板支撑者双手手臂撑地，核心收紧保持身体平衡，肩背及臀部略呈一条直线；仰卧挺髋者，仰卧于地面，双臂置于身体两侧，背部贴近地面，双脚置于平板支撑者的背部；挺髋者在挺髋过程中，注意核心发力，向上挺髋，避免腿部发力过多，给予平板支撑者过多的压力（图5-40）。

动作结束时，仰卧挺髋者背部缓慢着地，将双脚从平板支撑者背部缓慢放至地面。平板支撑训练者，待仰卧挺髋者落地稳定后，缓慢屈膝，下落至地面。

（四）常见错误及纠正

1. 常见错误

①臀部过高或过低：臀部过高可能导致腰部过度受力，过低则无法充分锻炼臀部肌肉。

②膝盖内扣或外翻：膝盖内扣或外翻可能导致膝关节受力不均，增加受伤风险。

③动作过快：快速完成动作会降低训练效果，同时增加受伤风险。

④腹部未收紧：腹部未收紧可能导致腰椎压力过大，影响核心肌群的锻炼效果。

2. 纠正方法

①调整臀部高度：确保臀部与肩膀和膝盖在一条直线上，避免过高或过低。

②膝盖对齐：在动作过程中，膝盖方向应始终与脚尖方向一致，避免内扣或外翻。

③控制动作节奏：动作应缓慢而有控制地进行，保持肌肉持续紧张。

④收紧腹部：在动作过程中，始终收紧腹部，避免腰椎过度受力。

图5-40 平板仰卧挺髋

三、平板V字收腹

（一）训练目的

锻炼腹直肌和腹外斜肌，增强腹部核心力量和稳定性。提高身体的协调性和平衡能力，改善腹部形态。

（二）准备姿势

一人进行平板支撑，另一人在平板支撑者背部进行V字收腹练习。

（三）动作过程

V字收腹者吸气，腹部收紧，同时上半身和双腿同时抬起，使身体呈V字形。双手伸直，尽量向脚尖方向伸展，感受腹部的紧张感。在V字形的最高点保持1~2s，确保腹部肌肉持续收缩。平板支撑者稳定核心，尽量去控制核心，主动对抗身体上部V字收腹者带来的不稳定的外力。平板V字收腹训练动作如图5-41所示。

训练结束后，待V字收腹者落地稳定后，平板支撑者再屈膝下落至地面，结束平板支撑训练。

（四）常见错误及纠正

1.常见错误

①用手臂或背部力量过多：动作过程中手臂用力明显，或背部过度拱起，这会减少腹部肌肉的参与，降低训练效果。

②动作过快或幅度不足：身体抬起时速度过快，或抬起幅度不够，无法形成完整的V字形，导致无法充分刺激腹部肌肉。

③呼吸节奏混乱：动作过程中屏气或呼吸急促，可能导致头晕或腹部肌肉发力不均。

2.纠正

①对于用手臂或背部力量过多，应将注意力集中在腹部发力，尽量减少手臂和背部的参与。在动作过程中，可以尝试将手臂放在身体两侧，仅依靠腹部力量完成动作。

②对于动作过快或幅度不足，动作应缓慢而有控制地进行，确保身体呈完整的V字形。可以先用较小的幅度练习，逐渐增加难度。

③对于呼吸节奏混乱，在动作过程中应保持均匀呼吸，避免屏气。

图5-41 平板V字收腹

四、TRX单腿平板

（一）训练目的

增强腹部、背部和臀部的肌肉力量；提高身体在动态状态下的稳定性；提升身体各部位之间的协调性；通过单腿支撑和核心控制，受训者同时锻炼腿部、肩部和手臂肌肉。

（二）准备姿势

1. 受训者俯卧直臂平板支撑，同伴抓其一侧脚踝，将腿部抬高

（三）动作过程

受训者直臂平板支撑，同伴抓其脚踝将一侧腿抬起。受训者双手宽度与肩同宽，核心收紧，将重心置于两臂与单侧腿部之间，控制核心稳定，避免出现身体晃动。在训练过程中，确保从头到脚呈一条直线，另一侧脚悬空或轻触地面以保持身体平衡，注意两腿要左右分开。在动作开始前进行深呼吸，保持均匀的呼吸节奏。支撑腿的膝盖微微弯曲，确保膝关节与脚尖在一条直线上。悬空腿缓慢抬起至与地面平行，保持1~2s。缓慢降低悬空腿至起始位置，确保动作平稳。TRX单腿平板训练动作如图5-42所示。

动作完成后，同伴待受训者身体稳定，且另一侧腿稳定着地后，缓慢将其腿部放至地面，让其脚尖先触地，避免下放过快，损伤受训者膝关节部位。

（四）常见错误及纠正

1. 常见错误

①核心不稳：身体摇晃或下塌，无法保持平板支撑的稳定性。

②悬空腿抬得过高或过低：悬空腿抬得过高导致重心不稳，或抬得过低无法有效刺激目标肌群。

③呼吸不均匀：动作过程中屏气或呼吸节奏混乱。

2. 纠正

①核心不稳的纠正：在动作开始前激活核心肌群（腹部和臀部），确保身体从头到脚呈一条直线。

②悬空腿抬得过高或过低的纠正：悬空腿应抬至与地面平行，感受臀部和核心的收缩。可以使用镜子观察动作幅度，确保悬空腿与地面平行。

③呼吸不均匀的纠正：在动作过程中保持均匀呼吸，避免屏气。

图5-42 TRX单腿平板

五、双人单臂拉手平板撑

（一）训练目的

增强腹部、背部和臀部的肌肉力量；提高身体在动态下的稳定性；两人之间的配合度与协调能力；受训者通过单臂支撑和核心控制，同时锻炼腿部、肩部和手臂肌肉。

（二）准备姿势

两人首先进行直臂平板支撑，两人之间应保持合适的距离，保证两人相邻两臂可以相握且能保持正常的发力状态。

（三）动作过程

两人同时保持直臂平板支撑姿势，相邻两手臂互相紧握，向自己一侧发力拉回（图5-43）。两人均要控制核心，稳定身体重心，与互相给予的破坏重心的力量相对抗，增强身体稳定性。

动作完成后，两人同时收回悬空的手臂，恢复到平板支撑的起始姿势。深呼吸，放松核心肌群。缓慢降低身体至地面，平躺休息。

（四）常见错误及纠正

1. 核心不稳，身体摇晃

纠正：加强核心肌群的力量训练，确保在动作过程中核心始终收紧。

2. 悬空手臂抬得过高或过低

纠正：悬空手臂应与地面平行，感受肩部和核心的收缩。

3. 配合不协调，动作不一致

纠正：在动作开始前，两人可以通过语言或手势进行沟通，确保动作同步。

4. 呼吸不均匀

纠正：在动作过程中保持均匀呼吸，避免屏气。

图5-43 双人单臂拉手平板撑

六、双人单臂平板

（一）训练目的

1. 核心强化

重点激活腹横肌、腹直肌及肩部稳定肌群，提升全身协调性。

2. 动态平衡

受训者通过单臂支撑强化身体平衡感和反应力。

3. 趣味互动

双人协作训练提升趣味性，增强团队协作默契。

（二）准备姿势

双人并排呈平板支撑姿势，双手撑于肩下方。双腿分开与肩同宽，脚尖着地，身体保持头、肩、背、臀、腿在一条直线上。腹部收紧，颈部放松，保持专注。

（三）动作过程

两人靠近的一侧手臂放于同伴肩部，同时保持核心稳定，两者相互依靠，保持躯干稳定，保持呼吸节奏与动作同步，避免憋气（图5-44）。

训练结束后，双人同时下压臀部，缓慢调整至跪姿。双手支撑地面，逐步放松四肢肌肉。

（五）常见错误及纠正

1. 手腕疼痛

纠正：调整手腕位置，避免过度用力。

2. 腰部疼痛

纠正：保持腰部在正确位置，避免过度用力。

3. 肩部疼痛

纠正：保持肩部在正确位置，避免过度用力。

4. 颈部疼痛

纠正：保持颈部在正确位置，避免过度用力。

图5-44　双人单臂平板

七、仰卧V字击掌

（一）训练目的

强化核心肌群，特别是腹直肌、腹横肌和腹外斜肌，提升躯干稳定性。增强躯干的稳定性和力量。塑造腹部肌肉线条。同步控制上下肢动作，增强全身协调性。

（二）准备姿势

两人相对仰卧在垫子上，双臂伸直，置于耳朵两旁。吸气，伸直双臂朝天花板举高，下巴抵近胸前，将头和肩提离垫子。

（三）动作过程

呼气时，腹部发力带动双腿与躯干同时抬起，双腿屈膝至大腿与躯干呈V字形，双臂前伸，在V字顶点，两腿分开，两人同时进行仰卧起坐，起来时两人击掌。保持动作停顿1s，感受腹肌收缩（图5-45）。

训练结束后，双腿与躯干缓慢下放至瑜伽垫，双臂向两侧展开，掌心向上放松。

（四）常见错误及纠正方法

1. 腰椎下塌

纠正：保持核心肌群紧绷，避免腹部下垂。

2. 臀部高翘

纠正：调整姿势，保持身体平衡。

3. 抬头过高

纠正：保持颈部放松，避免过度用力。

4. 手肘位置不正确

纠正：手肘置于肩部正下方，避免额外压力。

图5-45　仰卧V字击掌

八、仰卧起坐抛接球

（一）训练目的

增强手眼协调和上下肢配合能力。提升身体的控制力和动作灵敏度。增强核心肌群，特别是腹肌和手臂的力量。核心肌群激活，重点刺激腹直肌、腹斜肌及肩部稳定肌群。增强训练趣味性，培养双人协作默契。

（二）准备姿势

双人面对面仰卧于瑜伽垫，双腿并拢屈膝呈90°。一人双手持球（如健身球或软质球），双手上举过头顶。腹部收紧，颈部放松，保持专注。调整呼吸至平稳状态，准备同步动作。

（三）动作过程

两人同时做仰卧起坐，持球者双手将球抛向同伴，接球后，接球者顺势后仰完成仰卧起坐，控制核心进行退让式收缩，减小药球的缓冲，再将球抛回，重复动作，保持动作节奏和稳定性（图5-46）。抛球者控制力度与方向，接球者预判落点。呼气时发力起身抛球，吸气时放松后仰，避免憋气，保持呼吸节奏稳定，保持动作一致，避免球落地。

完成指定次数后，受训者缓慢下放身体至仰卧姿势。双腿伸直，双臂向两侧展开放松，放松全身肌肉，调整呼吸。

（四）常见错误及纠正

1. 抛接球时机不当

纠正：控制球出手时机，避免过早或过晚。

2. 身体稳定性不足

纠正：保持核心收紧，避免身体晃动。

3. 呼吸不协调

纠正：呼气时发力，吸气时放松。

4. 抛接球力度不当

纠正：调整抛接球力度，避免过轻或过重。

5. 速度不一致

纠正：与同伴沟通，保持节奏一致。

图5-46　仰卧起坐抛接球

九、弹力带仰卧单腿交替收腹

（一）训练目的

1. 精准塑形

重点强化下腹部肌群（腹直肌下部、腹斜肌），塑造马甲线。

2. 核心稳定

受训者通过单腿支撑提升躯干稳定性，预防运动损伤。

3. 抗阻增效

弹力带提供持续阻力，帮助受训者提升肌肉耐力与爆发力。

（二）准备姿势

受训者仰卧于瑜伽垫，双腿伸直，脚尖勾起。配合者将弹力带套在受训者单脚脚踝处，双手握住弹力带两端。受训者腹部收紧，腰部贴紧地面，保持身体稳定，调整呼吸至平稳状态,准备开始训练。

(三)动作过程

吸气时,单腿抬起至与地面垂直,保持弹力带紧绷;呼气时,向上卷腹,感受下腹部收缩;吸气时,缓慢下放腿部至起始位置(图5-47)。保持核心收紧,避免腰部弓起。呼气时发力卷腹,吸气时控制下落。保持呼吸节奏稳定,避免憋气。

完成指定次数后,受训者缓慢下放腿部至瑜伽垫。双腿伸直,双臂向两侧展开放松。

(四)常见错误及纠正

1. 弹力带松弛

纠正:保持弹力带紧绷,增加阻力。

2. 腰部离地

纠正:收紧核心,保持腰部贴紧地面。

3. 呼吸不协调

纠正:呼气时发力,吸气时放松。

4. 速度过快

纠正:控制速度,确保肌肉持续发力。

5. 腿部晃动

纠正:保持身体稳定,避免借力。

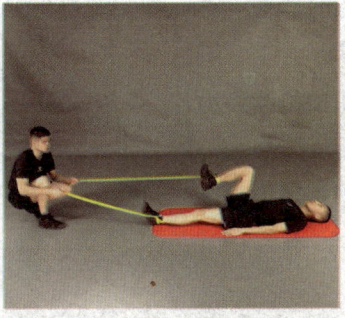

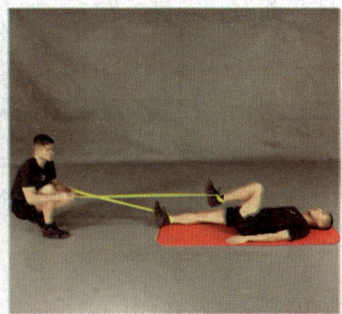

图5-47 弹力带仰卧单腿交替收腹

十、弹力带仰卧双腿收腹

(一)训练目的

强化核心肌群,特别是下腹部的肌肉,重点刺激腹直肌、腹横肌及下腹部肌群,提升核心稳定性。提升身体的稳定性和平衡感,增强躯干控制能力,预防骨盆前倾等不良体态。受训者通过弹力带增加阻力，提高肌肉抗疲劳能力，提高训练效果。

（二）准备姿势

仰卧于瑜伽垫，双腿伸直，脚尖勾起。配合者将弹力带套在受训者双脚脚踝处，双手握住弹力带两端。腹部收紧，腰部贴紧地面，保持身体稳定，调整呼吸至平稳状态，准备开始训练。

（三）动作过程

吸气时，双腿抬起至与地面垂直，保持弹力带紧绷；呼气时，向上卷腹，感受下腹部收缩；吸气时，缓慢下放腿部至起始位置（图5-48）。保持核心收紧，避免腰部弓起。呼气时发力卷腹，吸气时控制下落。保持呼吸节奏稳定，避免憋气。

完成指定次数后，受训者缓慢下放腿部至瑜伽垫。双腿伸直，双臂向两侧展开放松。腹部拉伸，坐姿前屈，双手触脚尖保持15s。腿部拉伸，仰卧单腿抬起，双手抱膝拉向胸部。

（五）常见错误及纠正

1. 弹力带松弛

纠正：保持弹力带紧绷，增加阻力。

2. 腰部离地

纠正：收紧核心，保持腰部贴紧地面。

3. 呼吸不协调

纠正：呼气时发力，吸气时放松。

4. 速度过快

纠正：控制速度，确保肌肉持续发力。

5. 腿部晃动

纠正：保持身体稳定，避免借力。

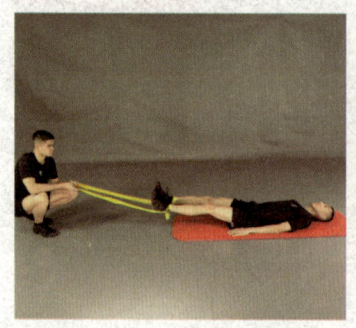

图5-48 弹力带仰卧双腿收腹

十一、弹力带仰卧举腿

（一）训练目的

1. 强化核心肌群

重点刺激腹直肌、腹横肌及下腹部肌群，提升核心稳定性。

2. 增强肌肉耐力

受训者利用弹力带提供的持续阻力，提高肌肉抗疲劳能力。

3. 改善体态

增强躯干控制能力，预防骨盆前倾等不良体态。

（二）准备姿势

受训者仰卧于瑜伽垫，双腿伸直，脚尖勾起。配合者将弹力带套在受训者双脚脚踝处，双手握住弹力带两端。腹部收紧，腰部贴紧地面，保持身体稳定，调整呼吸至平稳状态，准备开始训练。

（三）训练过程

吸气时，双腿抬起至与地面垂直，保持弹力带紧绷；呼气时，向上卷腹，感受下腹部收缩；吸气时，缓慢下放腿部至起始位置（图5-49）。保持核心收紧，避免腰部弓起。呼气时发力举腿，吸气时控制下落。保持呼吸节奏稳定，避免憋气。

完成指定次数后，受训者缓慢下放腿部至瑜伽垫。双腿伸直，双臂向两侧展开放松。腹部拉伸，坐姿前屈，双手触脚尖保持15s。腿部拉伸，仰卧单腿抬起，双手抱膝拉向胸部。

（四）常见错误及纠正

1. 弹力带松弛

纠正：保持弹力带紧绷，增加阻力。

2. 腰部离地

纠正：收紧核心，保持腰部贴紧地面。

3. 呼吸不协调

纠正：呼气时发力，吸气时放松。

4. 速度过快

纠正：控制速度，确保肌肉持续发力。

5. 腿部晃动

纠正：保持身体稳定，避免借力。

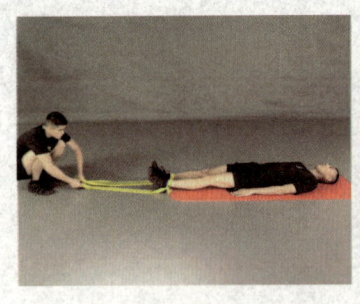

图5-49 弹力带仰卧举腿

十二、弹力带臀推

（一）训练目的
1. 强化臀肌力量

重点刺激臀大肌、臀中肌，提升臀部整体线条。

2. 改善臀肌无力

预防因臀肌薄弱导致的腰部和膝盖代偿性损伤。

3. 提升运动表现

提高跑步、跳跃等爆发类动作的运动表现。

（二）准备姿势

受训者仰卧于瑜伽垫，双腿伸直，脚尖勾起。配合者将弹力带套在受训者双脚脚踝处，双脚踩住弹力带两端。腹部收紧，腰部贴紧地面，保持身体稳定。调整呼吸至平稳状态，准备开始训练。

（三）动作过程

吸气时，双腿抬起至与地面垂直，保持弹力带紧绷；呼气时，臀部发力向上推起，使腰腹与大腿处于同一平面；吸气时，缓慢下放腿部至起始位置，保持核心收紧，避免腰部弓起（图5-50）。呼吸配合，呼气时发力推臀，吸气时控制下落，保持呼吸节奏稳定，避免憋气。

完成指定次数后，受训者缓慢下放腿部至瑜伽垫。双腿伸直，双臂向两侧展开放松。臀部拉伸，坐姿前屈，双手触脚尖保持15s。腿部拉伸，仰卧单腿抬起，双手抱膝拉向胸部。

（四）常见错误及纠正

1. 弹力带松弛

纠正：保持弹力带紧绷，增加阻力。

2. 腰部离地

纠正：收紧核心，保持腰部贴紧地面。

3. 呼吸不协调

纠正：呼气时发力，吸气时放松。

4. 速度过快

纠正：控制速度，确保肌肉持续发力。

5. 腿部晃动

纠正：保持身体稳定，避免借力。

图5-50 弹力带臀推

十三、正抱涮人

（一）训练目的

增强在动态下的身体协调性和平衡感。增强受训者的协作配合能力和团结协作意识。

（二）准备姿势

两人相对站立，距离约20厘米，两人身体处于自然放松状态。

（三）动作过程

配合者双手环抱受训者颈部，抱起配合者，使其在自己的身体两侧甩动，次数与组数自行掌握，两人交替进行（图5-51）。

在训练过程中，配合者注意不要过度用力紧抱受训者颈部，力度适中，确保环抱牢固即可。两者均要注意控制自己的呼吸节奏，避免出现急促呼吸及憋气等情况。

训练结束后，受训者待配合者身体重心稳定且双脚踏实地面后，方可松开双手。完成目标次数后，回到起始站立姿势，调整呼吸。两人进行简单的放松整理活动，如抖动四肢、深呼吸等，适当活动一下颈部。

（四）常见错误及纠正

1. 动作不协调，身体平衡感差

纠正：可从小幅度摆动练习开始，稳定后，逐渐提升摆动幅度。

2. 力量不足，环抱对方后，左右摆动困难

纠正：进行有针对性的力量训练及核心训练。

图5-51　正抱涮人

十四、反抱涮人

（一）训练目的

提升腹背部及颈腰肌群力量，提高提抱能力。增强在动态下的身体协调性和平衡感。增强受训者的协作配合能力和团结协作意识。

（二）准备姿势

受训者呈站立姿势反抱同伴的腰部。

（三）动作过程

受训者使同伴在冠状面做360°侧转，当脚触底瞬间，同伴迅速蹬起，帮助受训者完成动作。次数和组数可自行掌握（通常每组12～20次，进行3～4组。），两人交替进行（图5-52）。

（四）常见错误及纠正

1. 动作不协调，身体平衡感差

纠正：可从小幅度摆动练习开始，稳定后，逐渐提升摆动幅度。

2. 力量不足，环抱对方后，左右摆动困难

纠正：进行有针对性的力量训练及核心训练。

图5-52 反抱涮人

十五、V字仰卧脚传球

（一）训练目的

1. 强化核心肌群，同步激活腹直肌、腹斜肌和深层核心肌群。提升发展髋部肌群在运动中的控制能力。建立上肢与下肢的动作协同模式，培养运动时的空间感知能力。

（二）准备姿势

两人相对坐于垫面，两腿上举，分开呈V字，两人脚底相对。一人将药球置于胸前，准备向同伴传球，另一人手臂前伸，做好接球的准备。

（三）动作过程

持球者核心保持稳定，利用腹部力量，将球向前扔出，注意扔球时力量不要过大，做小幅度传球；接球者两臂前伸主动迎接来球，接球后，屈臂缓冲，将球置于胸前位置，腹部控制上体重心，缓慢向后仰卧，待球稳定后，腹部发力，利用腹部力量仰卧抬上体，顺势将球扔出，两人依次进行（图5-53）。

最后一次传球结束后，两人缓慢仰卧于地面，将球放下，将腿部缓慢落至地面。两人转身俯卧于地面，对腹部进行拉伸，放松腹部肌肉。

（四）常见错误及纠正

1. 常见错误

①传球时，利用手臂向前摆动的惯性，将上体带起，容易导致腹部肌肉拉伤。

②传接球时,节奏不连贯,导致两人之间配合不协调。

③两腿分开角度过大或过小,导致重心不稳定,传接球时身体出现晃动情况。

2. 纠正

①保持核心收紧,腹部主动发力将上体抬起,顺势向前挥臂将球抛出。后倒时同样利用腹部力量缓慢下落上体,控制传接球速度,避免速度过快。

②两人控制好节奏,保持同步呼吸。把握好传接球的时机。

③髋部保持合适的角度,两腿分开角度保持在能够控制核心稳定的范围内。

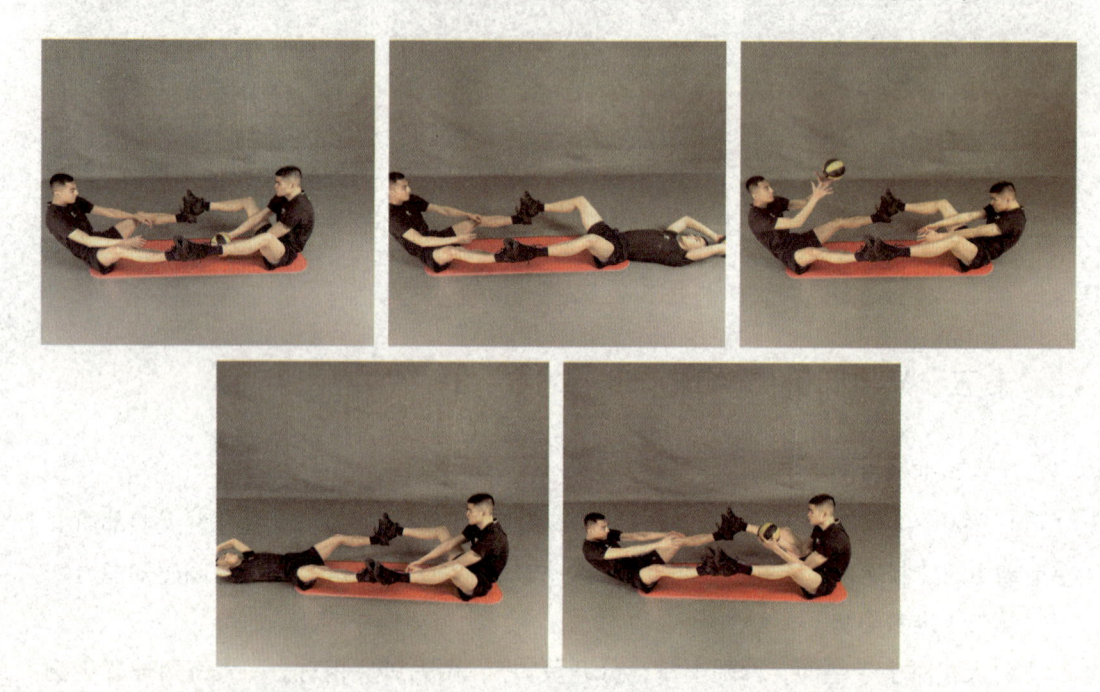

图5-53 V字仰卧脚传球

十六、俄罗斯转体接力

（一）训练目的

强化核心肌群,主要锻炼腹外斜肌与腹内斜肌提升抗旋转稳定性,强化腹横肌深层稳定功能,形成躯干旋转时的动态平衡能力,预防运动中的代偿性脊柱扭转。

（二）准备姿势

两人并排坐在平地或垫面上,屈膝抬腿,手臂放于身体两侧,以臀部为支点,稳定核心。一人双手持药球,身体侧转置于体侧,另一人转体侧向同伴。

（三）动作过程

一人手持药球，做俄罗斯转体，从身体一侧转向身体另一侧，转向另一侧后，将药球传于另一人；双手接球后，接球者向身体另一侧做俄罗斯转体，最后再将身体侧转到起始位置，将球传给同伴，两人依次进行俄罗斯转体动作互相传递药球（图5-54）。

最后一次传球结束后，将球放置于地面，两人两腿缓慢下放于地面，转身俯卧于垫面，拉伸腹部肌肉。

（四）常见错误及纠正

1. 常见错误

①腰部代偿，靠腰椎扭转带动身体旋转，而非腹斜肌主动收缩。

②惯性摆动，利用身体惯性快速左右摆动，而非肌肉控制，动作过快，可能拉伤肌肉。

③胸部内陷，上背部弯曲，肩胛未稳定。

2. 纠正方法

①坐姿屈膝，双脚离地，保持V字形，脊柱中立位，身体后倾约45°，避免弓背或塌腰。

②扭转幅度适中，转至手肘接近侧腹即可，避免过度扭转。

③保持挺胸，采用胸式呼吸方式，转体时呼吸，回正时吸气，避免憋气。

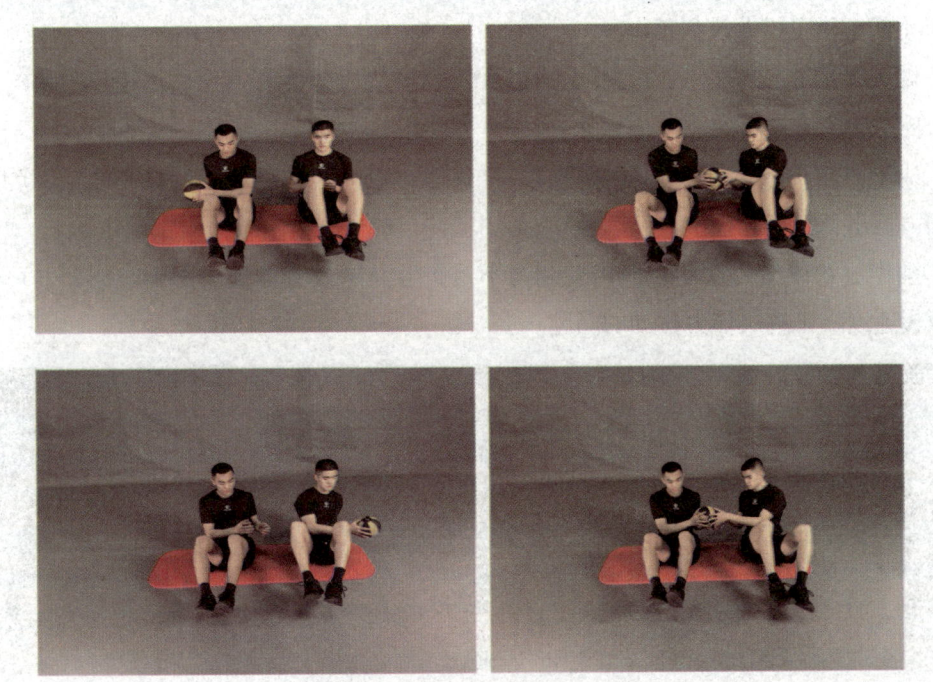

图5-54　俄罗斯转体接力

十七、单腿蹲拉弹力带

（一）训练目的

增强下肢力量，重点锻炼臀肌、股四头肌、腘绳肌及小腿肌肉。单腿动作有助于增强平衡能力，增强踝、膝、髋关节的稳定性。激活核心肌群。

（二）准备姿势

两人相对站立，拉紧弹力带，两人之间的距离使弹力带时刻保持张力即可。两人将对侧脚屈膝向后抬起，大腿自然垂直向下，小腿抬直约与地面平行，呈单脚站立姿势。

（三）动作过程

两人脊柱保持中立位，收紧核心，双肘微曲，将弹力带置于胸前，目视前方，保持头部中立位；缓慢屈膝下蹲，重心落在后足跟，臀部向后下方移动，下蹲至大腿与地面平行，保持躯干略微前倾，腰背要保持挺直；足跟蹬地，臀腿发力站起，同时控制弹力带回放速度，恢复起始姿势时保持非支撑腿稳定，核心持续收紧（图5-55）。

动作完成后，缓慢站直身体，非支撑腿落地，放松弹力带。调整呼吸后换腿重复，完成计划组数后放下弹力带。训练结束后，可进行动态拉伸（如弓箭步、侧腰伸展），缓解肌肉紧张。

（四）常见错误及纠正

膝关节内扣或外翻，膝关节压力过大，容易造成膝关节损伤。纠正：下蹲时让膝盖方向与脚尖方向一致。

躯干过度前倾或塌腰，容易造成腰椎代偿，引起腰痛。纠正：核心收紧，胸口向正前方推出，保持脊柱中立位。

动作过快或借力摆动，肌肉控制力不足，容易导致身体失去平衡。纠正：可以通过放慢速度，来解决借力摆动的问题。

图5-55 单腿蹲拉弹力带

十八、侧平板支撑身下传球

（一）训练目的

强化核心肌群，重点锻炼腹横肌、腹斜肌、腰背部及臀部深层肌肉，提升侧向核心稳定性。受训者通过侧平板支撑动作增强肩袖肌群力量，提升肩胛骨控制能力，提高手眼协调性与躯干抗旋转能力。

（二）准备姿势

两人并排侧卧，相邻一侧手肘撑地，背部相对，身体呈一条直线（头、肩、髋、脚对齐）。双腿并拢叠放，下方腿贴地，非支撑手向上伸直，保持身体稳定。一人身旁放置一个轻型药球，位置靠近腰部下方。

（三）动作过程

两人同时抬起髋部进行侧平板支撑，确保身体呈一条直线，核心绷紧；一人用非支撑手从身下抓球，缓慢传递至同伴的同侧手，传球过程中保持髋部高度不变；接球者稳定后，再将球传回，交替循环（图5-56）。

最后一次传递球完成后，两人缓慢降低髋部至地面，避免突然放松导致肌肉拉伤。侧腰拉伸，上方手臂向对侧弯曲，感受侧腹拉伸，双手撑地做猫式伸展，缓解肩部压力。

（四）常见错误及纠正

1. 髋部下沉或前倾

纠正：训练前先练习静态侧平板撑，强化基础稳定性。

2. 传球时身体摇晃

纠正：可以缩小传球幅度，先徒手模拟传递动作，熟练后再进行训练。

3. 肩部耸起或手肘超伸

纠正：手肘微屈，肩胛骨下沉后缩，可用弹力带绕肩辅助感受正确发力。

图5-56　侧平板支撑身下传球

十九、双人斜角俯卧撑

（一）训练目的

增强上肢力量，重点锻炼胸大肌、三角肌前束、肱三头肌及核心肌群，提升推力与控制能力。提高核心稳定性，受训者通过斜角身体姿态增加不稳定因素，迫使深层核心肌群参与维持平衡。培养协同配合能力，双人动作需要节奏一致，提升受训者的动作同步性与默契度。

（二）准备姿势

两人相对站立，相距大约两臂距离。两人掌心相对，两臂伸直，以手臂为支撑，重心前倾，根据自身能力调整倾斜角度，倾斜角度越大，难度越小。收腹夹臀，保持躯干刚性，避免塌腰或弓背。

（三）动作过程

两人同时屈臂，达到可控最低点，保持躯干稳定；呼气发力，同步推起至起始位置，手关节微屈，避免超伸；保持斜角姿势稳定，避免身体晃动或重心偏移（图5-57）。

最后一次推起后，双方各向前迈出一步，成弓箭步姿势，稳定重心，避免直接松手导致失去重心，上体向下方倒。

（四）常见错误及纠正

1. 塌腰或弓背

纠正：训练前激活核心，如平板支撑30秒。

2. 双人节奏不一致

纠正：由一人下达口令，熟练后再同步发力。

3. 身体重心偏移导致失衡

纠正：缩小双脚间距，或在两人间放置标志物，确保中线对齐。

图5-57 双人斜角俯卧撑

二十、伙伴单腿仰卧顶髋

（一）训练目的

强化单侧臀大肌，改善肌力不对称；提升核心抗旋转能力；增强下肢稳定性，提高髋关节、膝关节及踝关节的协同控制力；提升神经肌肉协调性；功能性迁移，模拟单腿发力动作（如爬楼梯、跑步），增强实用性。

（二）准备姿势

受训者仰卧于瑜伽垫，双腿屈膝分开与髋同宽，全脚掌踩地，脚尖微微外展；双臂自然置于体侧，掌心向下，肩胛骨紧贴地面；腰部自然贴地，保持脊柱中立位，避免腰部悬空或过度下压；配合者站于受训者两腿之间握住受训者一侧脚踝部位。

（三）动作过程

呼气，抬起臀部至肩、髋、膝呈一条直线，抬到顶峰收缩臀肌1~2s；核心收紧，悬空腿保持伸直；吸气，缓慢下放臀部接近地面，但不接触地面，保持悬空腿高度不变，全程保持盆骨水平，避免悬空腿侧倾（图5-58）。

完成最后一次顶髋后，臀部缓慢落至地面，待受训者稳定后，配合者缓慢放其腿至地面。侧身撑地起立，避免直接腰部发力坐起。

（四）常见错误及纠正

1. 悬空腿下垂或摇晃

纠正：可以降低悬空高度。

2. 动作速度过快，惯性代偿，肌肉控制不足

纠正：可以采用3s顶起，3s下放的节奏，强调离心控制。

图5-58　伙伴单腿仰卧顶髋

二十一、单腿臂屈伸

（一）训练目的

强化上肢力量，重点刺激胸大肌、肱三头肌及三角肌前束；提升核心稳定性；增强单腿平衡能力，踝关节稳定性和单侧肢体控制力；提升动作协调性，同步完成上肢推撑与下肢稳定，促进神经肌肉整合。

（二）准备姿势

受训者坐于座椅边缘，两手撑在身体两侧，配合者站在受训者对面。配合者手握受训者单侧踝关节，将其一条腿抬起。

（三）动作过程

受训者上肢发力，将身体撑起，注意时刻收紧核心，同时抬起另一条悬空的腿，不要落于地面；手臂下放，注意控制下放速度，下放至大臂与地面平行即可（图5-59）。

整个过程中，注意手臂夹紧身体，不要过度外展，注意控制呼吸节奏。

完成最后一次屈臂撑动作，配合者缓慢放下受训者的腿，受训者的悬空腿也逐渐放落至地面，回到屈臂撑的准备姿势。

（四）常见错误及纠正

悬空腿晃动或触地，容易导致核心失活，腰椎压力过大。

纠正：练习前可以通过平板支撑激活核心。

肘部外展角度过大，导致肩关节压力增加，胸肌刺激减弱。

纠正：要保持肘部贴近身体，下沉时感受胸肌发力。

图5-59　单腿臂屈伸

二十二、仰卧四点支撑

（一）训练目的

激活深层核心肌群，重点刺激腹横肌、多裂肌，增强腹内压控制能力。提升脊柱稳定性，在动态肢体运动中保持腰椎中立位，预防腰部损伤。提升肢体协调性，对侧手脚的协同运动有助于加强神经肌肉控制。纠正骨盆前倾，受训者通过骨盆后倾调整，改善不良体态。

（二）准备姿势

两人并排进行仰卧支撑，两人相距约一臂距离，髋关节抬起，与肩关节、膝关节略呈一条直线。膝关节弯曲，小腿与地面垂直，两臂伸直，两手撑地，向外张开约45°。

（三）动作过程

两人抬起相邻一侧手臂，向上伸直，两人手掌相触，同时相邻一侧腿部抬起，向上顶髋，保持身体略呈一条直线（图5-60）。支撑腿膝关节弯曲90°，保持小腿垂直于地面。整个过程保持腰背挺直，核心收紧，避免出现臀部下沉的情况。

两人缓慢将手放落至地面，待身体稳定后，落臀至地面。仰卧抱膝，双膝拉向胸口，轻轻摇晃，放松下背部。

（四）常见错误及纠正

颈部紧张或头部抬起，容易导致核心失活，腰椎代偿。

纠正：受训者可以通过降低手脚伸展幅度，减少头部紧张的问题。

盆骨前倾或晃动，腹肌控制不足，训练效果差。

纠正：受训者训练前做仰卧盆骨后倾运动，激活腹肌与盆底肌。

图5-60　仰卧四点支撑

二十三、抱腿卷腹

（一）训练目的

强化上腹直肌，集中刺激腹部上侧，塑造清晰腹肌线条。受训者通过脊柱逐节卷动，增强胸椎与腰椎的协调屈曲能力。激活深层核心，维持骨盆稳定，同步调动腹横肌与盆底肌。改善体态，纠正久坐导致的含胸驼背，增强躯干前侧肌群张力。

（二）准备姿势

受训者仰卧于垫面，配合者蹲在受训者腿部之间。受训者将双腿搭于配合者肩部，手肘撑地，将臀部抬起。配合者双手抓紧受训者腿部，准备站起。

（三）动作过程

配合者抱紧受训者大腿，然后站起，将受训者挂于体前；受训者双手抱于胸前，核心收紧，利用腹部力量向上卷身，向上卷身时，注意控制核心，同时注意呼吸；回落时注意控制下落速度，避免下落速度过快导致腹部肌肉拉伤（图5-61）。

最后一次卷腹结束后，配合者缓慢下蹲，将受训者缓慢下放至地面。受训者上背部先着地，依次是下背部、臀部，待受训者稳定后，配合者缓慢放下其双腿。

（四）常见错误及纠正

颈部过度前伸，容易导致颈椎压力过大，上斜方肌容易代偿。

纠正：保持下巴于胸口一拳距离，想象下颌夹住一颗网球。

呼吸紊乱或憋气，容易导致核心稳定性下降，出现头晕的风险。

纠正：训练时要严格匹配呼吸与动作节奏。

图5-61 抱腿卷腹

二十四、伙伴仰卧顶髋

（一）训练目的

强化上腹直肌，集中刺激腹部上侧，塑造清晰腹肌线条。受训者通过脊柱逐节卷动，增强胸椎与腰椎的协调屈曲能力。激活深层核心，维持骨盆稳定，同步调动腹横肌与盆底肌。改善体态，纠正久坐导致的含胸驼背，增强躯干前侧肌群张力。

（二）准备姿势

受训者仰卧于瑜伽垫，双腿屈膝分开与髋同宽，全脚掌踩地，脚尖微微外展；双臂自然置于体侧，掌心向下，肩胛骨紧贴地面；腰部自然贴地，保持脊柱中立位，避免腰部悬空或过度下压。配合者站于受训者两腿之间，握住受训者脚踝部位。

（三）动作过程

呼气，抬起臀部至肩、髋、膝呈一条直线，抬到顶峰收缩臀肌1~2s；吸气，缓慢下放臀部至接近地面，但不接触地面，保持持续张力（图5-62）。动作全程用臀部主导发力，避免腰部代偿。

完成最后一次顶髋后，臀部缓慢落至地面，待受训者稳定后，配合者缓慢放其双腿至地面。受训者侧身撑地起立，避免直接腰部发力坐起。

（四）常见错误及纠正

腰部过度拱起

纠正：可以降低抬髋高度，保持肋骨与盆骨对齐，想象顶髋而不是顶腰。

2.膝盖内扣或外扩，增加膝关节压力，发力不均匀

配合者可以固定住受训者腿部，辅助其完成正确的动作，缩小膝关节的活动范围。

图5-62 伙伴仰卧顶髋

第六章

双人放松拉伸

第一节 整理放松的概述

放松的目的是使人体从剧烈的运动状态逐渐过渡到安静状态，从生理学意义来看，放松主要有以下作用：一是有利于身体代谢产物的排出，如乳酸等，可以加速肌肉的复原；二是可以减缓肌肉酸痛的产生，尤其是延迟性肌肉酸痛；三是降低运动晕厥的发生概率；四是降低运动后肌肉痉挛或抽筋的发生概率；五是防止肌肉由于过于僵硬，产生"死肌肉"。

停止运动后，运动对人体的生理影响还在持续，不会随着运动的停止而立即消失，如在进行高强度跑步训练时，身体由于需氧量急剧增加，会产生氧债，在运动后，机体的内脏器官仍在工作，来弥补运动时缺少的氧，这时候身体就不能立即完全停止运动，否则就会妨碍氧的补充，也会影响静脉血的回流，心脏的供血也必然会下降，由于重力的作用，会产生短暂性的脑部缺血，引发诸如呕吐、心慌、恶心、面色苍白等不良症状，严重时还会晕倒。因此，剧烈运动后要进行缓慢的运动，整理放松尤为重要。

整理放松主要分为主动拉伸、按摩放松和被动拉伸。

主动拉伸是使肌肉、韧带等软组织通过拉长的方式得到放松。在进行主动拉伸时肌肉的拉长是适度的，避免出现过度拉伸的现象，尤其是不能出现过度疼痛，否则会引起肌肉反射性收缩，降低放松效果，以感到肌肉有拉伸感或轻度拉伸为宜。根据肌肉部位的分布特点，主要有以下主动拉伸动作：①三角肌后束拉伸；②腕屈肌拉伸；③腕伸肌拉伸；④肱三头肌拉伸；⑤背阔肌拉伸；⑥胸锁乳突肌拉伸；⑦斜方肌上部拉伸；⑧胸大肌拉伸；⑨海豹撑；⑩婴儿式拉伸；⑪连续弓箭步下压；⑫横叉下压；⑬横叉左右下压；⑭坐位跨栏正下压右（左）；⑮坐位横叉右侧（左侧）下压；⑯坐位横跨腹部前伸贴地下压；⑰开髋拉伸；⑱髂胫束拉伸；⑲梨状肌拉伸；⑳臀大肌拉伸；㉑股四头肌三点拉伸；㉒腘绳肌拉伸；㉓内收肌群拉伸；㉔腓肠肌拉伸。

第二节 按摩放松

按摩放松的方式很多，可以徒手，也可以借助按摩棒、泡沫轴、筋膜球等，本书主要介绍泡沫轴和筋膜球的使用方法。

（一）泡沫轴的使用方法

泡沫轴在肌肉紧张的部位滚动30~60s，重复2~3组。在滚动时，主要依靠其他部位主动发力，使相应部位在泡沫轴上滚动，注意滚动力度要适宜，避免过度用力造成肌肉的牵张反射引发痛感，降低放松效果。主要可放松的部位如下。

1. 背部

仰卧于地面，将泡沫轴放于肩胛骨至腰椎位置，利用腿部力量使泡沫轴前后滚动，放松背部肌群。

2. 大腿内侧肌肉

仰卧于地面，两肘触及地面，一侧腿跪于地面，另一侧腿放于泡沫轴上，利用手臂力量使泡沫轴在大腿内侧进行前后滚动，放松大腿内收肌群。

3. 小腿后侧肌肉

仰卧于地面，将泡沫轴放于小腿部位下方，两腿重叠交叉，手支撑地面，利用手臂力量，使得泡沫轴在小腿部位前后滚动。

4. 大腿外侧

侧躺于地面，将泡沫轴放于大腿下侧，利用支撑脚和手臂的力量，使泡沫轴在外侧滚动，放松髂胫束。如若效果不明显可以使两腿并在一起以增强压力，加大放松力度。

5. 臀部肌肉

仰卧于地面，将一侧小腿弯曲、内旋放于另一侧大腿末端上，两手撑地，身体重心放于弯曲腿的一侧，将泡沫轴放于弯曲小腿的一侧，利用腿部和上肢力量使泡沫轴在臀部滚动，放松臀大肌、臀小肌等肌肉。

6. 小腿前侧

俯卧于地面，两手直臂支撑于地面，将泡沫轴放于小腿前侧，利用大腿前侧肌肉，使泡沫轴在小腿前侧来回滚动，以放松胫骨前肌等肌肉。

7. 大腿前侧

仰卧于地面，两手臂弯曲，两肘触及地面，两腿交叉将重心放于一条腿上，利用手臂力量，使泡沫轴在大腿前侧进行滚动，以放松股四头肌。

8. 腰部

仰卧于地面，将泡沫轴放于腰椎部位，利用腿部力量使泡沫轴前后滚动，放松腰部肌群。

9. 大腿后侧

仰卧于地面，两腿交叉，将泡沫轴放于大腿部位，两手直臂支撑于地面，利用手臂力量，使泡沫轴在大腿部位进行滚动，以放松腘绳肌肌群。

10. 大圆肌

侧躺于地面，将泡沫轴放到腋下，身体稍微往后仰，利用腿部力量前后滚动，以放松大圆肌。

11. 肱二头肌

俯卧于地面，手臂外展，将泡沫轴放于一条手臂肱二头肌下侧，另一条手臂微屈放于身体一侧，利用另一条手臂力量使泡沫轴在肱二头肌处左右滚动，以放松肱二头肌肌肉。

12. 肱三头肌

仰卧于地面，手臂外展，将泡沫轴放于肱三头肌下侧，一腿弯曲，一腿伸直，利用腿部力量使泡沫轴在肱三头肌处左右滚动，以放松肱三头肌。

13. 足底

站于泡沫轴前侧，一只脚踏实地面，另一只脚踏在泡沫轴上，利用大腿肌肉力量使泡沫轴进前后滚动，以放松足底。

（二）筋膜球的使用方法

筋膜球是一种针对肌肉进行按摩放松的小器械，有表面光滑的或表面带触点的，一般采用PVC、硅胶等材料制成，直径在6~9厘米。PVC材质的筋膜球一般为充气型，可以根据自身需要通过调整充气量来调节球的硬度。硅胶材质的筋膜球无法充气，但弹性适中且耐用度较好。筋膜球的体积小，可以很好地放松泡沫轴放松不到的扳机点，与泡沫轴互相补充放松非常有效。筋膜球使用方法，在肌肉紧张的部位滚动30~60s，可重复3~4次。

1. 筋膜球放松髂腰肌

俯卧于地面，将筋膜球置于一侧髂腰肌下侧。利用身体重量施加压力。利用手臂、脚尖力量使筋膜球前后滚动，以放松髂腰肌。另一侧也是同样的动作要求。

2. 筋膜球踝关节滚压

坐于地面，一侧腿向外侧伸展，另一侧腿的膝关节弯曲髋关节外旋，腿部外侧贴于地面，将筋膜球置于屈曲腿的踝关节外侧与地面之间，双手固定住踝关节并向下施加压力，利用大腿肌肉发力左右移动小腿，以放松踝关节肌群。另一侧也是同样的动作要求。

3. 筋膜球肩胛骨内侧放松

仰卧于地面，双腿弯曲，双脚支撑地面，将筋膜球放置于肩胛肌的内侧与地面之间。利用腿部力量前后移动身体，以放松肩胛内侧肌群肌肉。

4. 筋膜球臀部放松

仰卧于地面，将一侧小腿弯曲、内旋放于另一侧大腿末端上，两手撑地，身体重心放于弯曲腿的一侧，将筋膜球放于弯曲小腿的一侧，利用腿部和上肢力量使筋膜球在臀部滚动，放松臀大肌、臀小肌等肌肉。另一侧也是同样的动作要求。

5. 筋膜球小臂伸肌群放松

跪于地面，将筋膜球置于手臂前侧，另一只手搭于上面施加压力，利用身体核心力量前后移动，以放松手臂伸肌肌群。另一侧也是同样的动作要求。

6. 筋膜球臀中肌放松

身体侧卧于地面，下侧腿部伸展，使筋膜球位于臀中肌与地面之间，下侧手臂弯曲，用前臂支撑身体，上侧手臂置于腰间，上侧腿部膝盖弯曲，脚部支撑身体，利用腿部和手臂力量进行前后滚动，换另一侧重复动作。

7. 筋膜球小腿前侧放松

身体跪于地面，双臂伸展支撑身体，一侧腿部跪于地面，另一腿跪于筋膜球上，利用腿部和手臂力量进行前后移动以放松小腿前侧肌肉，换另一侧重复动作。

8. 筋膜球大腿内侧放松

坐于地面，一侧腿向外侧伸展，另一侧腿的膝关节弯曲髋关节外旋，腿部外侧贴于地面，将筋膜球置于大腿内侧，利用手臂力量向下用力，进行前后滚动，以放松大腿内侧肌肉。另一侧也是同样的动作要求。

注意事项：大腿紧靠地面，两手推动筋膜球前后滚动。

训练安排：大腿内侧部位滚动30~45s，可重复3~4次。

9. 筋膜球胸部放松

两脚左右开立，自然站直，一手拿筋膜球，放于另一侧胸部，向下施加一定的压力，由内向外推动，以达到放松胸部肌肉的效果。

10. 筋膜球颈部放松

坐于地面，头部进行轻微旋转，将筋膜球放于旋转的反方向，利用手臂力量，由上至下滚动，以放松颈部肌肉。

11. 筋膜球足底放松

站于筋膜球前侧，一只脚踏实地面，另一只脚踏于筋膜球上，利用大腿肌肉力量使筋膜球前后滚动，以放松足底筋膜。

12. 筋膜球肩部放松

站于墙体一侧，距离墙体约5厘米，两臂自然下垂，将筋膜球放于三角肌中束部位，身体用力靠墙，利用腿部力量使身体上下移动，以放松三角肌肌肉。

注意事项：上下幅度不宜过大。

第三节 被动拉伸

被动拉伸又称被动牵伸，是由辅助者主动发力完成的拉伸动作。由于辅助者并不了解拉伸者的感受，经常会出现过度牵拉，因此辅助者需要经过训练，牵伸者与搭档应进行密切交流。

被动拉伸一般进行20~30s，可重复2~3组。注意：拉伸肌肉并非越痛越好，过度疼痛反而会引发肌肉反射性收缩，降低放松效果，所以肌肉有拉伸感或有轻度疼痛感即可。

被动拉伸中重点介绍本体感觉神经肌肉促进疗法（PNF）。PNF 是 20 世纪 40 年代由美国内科医生、神经生理学家赫尔曼·卡巴特（Herman Kabat）发明的以人体发育和生理原理为基础的运动治疗方法。PNF 是通过对本体感受神经。PNF 的原理是通过重复性的静力性拉伸让被拉伸的软组织进行短暂的等长收缩。从人体解剖学的角度来看，感受器包含在人体内的每块肌肉中，当其受到刺激时，就会将信息传入人体的中枢神经系统。因此，在拉伸时肌梭和腱索就成为人体中两种最重要的感受器。当肌梭受到肌肉牵拉时，牵拉冲动就会随之被传入人体脊髓，然后通过脊髓，牵拉冲动又再次被传回到肌肉，引起肌肉收缩。

一、胸大肌拉伸

（一）训练目的

提升肩部的灵活度、运动幅度和运动能力。提升运动的爆发能力，促进机体的快速恢复。预防肌肉僵硬、产生肌肉结节，降低运动后抽筋或痉挛发生概率。

（二）准备姿势

选择平整、软硬适中的垫子或者平面，确保训练安全高效。两人前后站立，受训者坐于地面利用腿部固定背部稳定身体，保持上臂与肩膀在同一平面。同伴两手扶受训者的两肘关节处。

（三）动作过程

移动过程：同伴两手扶受训者的两肘关节处，用力垂直向后发力，同时确保受训者的身体静止不动，均匀发力至受训者胸部有拉伸感，保持静态拉伸胸大肌10s，同伴固定好受训者的两肘关节和背部，静止不动，受训者利用胸部力量向里收缩做等长收缩6s，再均匀发力拉伸胸大肌6s，幅度比第一次拉伸要大，三个动作为一组，完成三组（图6-1）。

呼吸方式：拉伸时呼气，做等长收缩时吸气。

动作感觉：胸大肌拉伸感。

（四）常见错误及纠正

1. 肘关节过分上抬或下降影响胸大肌的拉伸

纠正：大臂与身体的夹角约为60°，同伴应及时纠正受训者的动作。

2. 使用暴力、拉伸速度过快导致动作无法完成甚至出现运动拉伤的现象

纠正：拉伸过程匀速缓慢发力。

3. 拉伸过程中没有与受训者进行沟通，自己凭感觉进行拉伸

纠正：同伴与受训者积极沟通，并询问拉伸的感受，如有严重疼痛感，应立即停止拉伸。

图6-1 胸大肌拉伸

二、肱三头肌拉伸

（一）训练目的

提升肩部、肘部的灵活度、运动幅度和运动能力。提升上肢运动的爆发力，促进机体快速恢复。预防运动损伤：预防大臂肌肉僵硬、产生肌肉结节，降低运动后抽筋或痉挛发生概率。

（二）准备姿势

选择平整、软硬适中的垫子或者平面，确保训练安全高效。两人前后站立，受训者坐于地面大小臂弯曲，同伴一只手扶其小臂部位，使大小臂折叠，另一只手扶其手腕部位。

（三）动作过程

移动过程：同伴固定好受训者大臂，用力向前压小臂末端，使大小臂折叠，同时确保受训者的身体静止不动，均匀发力至受训者肱三头肌产生拉伸感，保持静态拉伸肱三头肌10 s；同伴固定好受训者的肘部和小臂，静止不动，受训者利用肱三头肌力量向上收缩做等长收缩 6 s，同伴再均匀发力至受训者拉伸肱三头肌 6 s，幅度比第一次拉伸要大，三个动作为一组，完成三组（图6-2）。

呼吸方式：拉伸时呼气，做等长收缩时吸气。

动作感觉：肱三头肌产生拉伸感。

（四）常见错误及纠正

1. 在大小臂折叠后又对大臂进行上抬

纠正：大臂固定之后保持大臂的静止不动，只压小臂，以达到拉伸肱三头肌的目的。

2. 使用暴力、拉伸速度过快导致动作无法完成甚至出现运动拉伤的现象

纠正：拉伸过程中匀速缓慢发力。

3. 拉伸过程中没有与受训者进行沟通，自己凭感觉进行拉伸

纠正：同伴与受训者积极沟通，并询问拉伸的感受，如有严重疼痛感，应立即停止拉伸。

图6-2 肱三头肌拉伸

三、肱二头肌拉伸

（一）训练目的

提升肩部、肘部的灵活度、运动幅度和运动能力。提升上肢运动的爆发力，促进机体的快速恢复。预防大臂肌肉僵硬、产生肌肉结节，降低运动后抽筋或痉挛发生概率。

（二）准备姿势

选择平整、软硬适中的垫子或者平面，确保训练安全高效。两人前后站立，受训者坐于地面之上，同伴站于其身后，两手抓握其小臂部位。

（三）动作过程

移动过程：受训者坐好，身体静止不动，同伴内旋并向上轻微抬起其小臂，均匀发力至受训者肱二头肌产生拉伸感，保持静态拉伸肱二头肌10 s；同伴固定好受训者的小臂，静止不动，受训者利用肱二头肌力量向下收缩做等长收缩6 s，同伴再均匀发力至受训者拉伸肱二头肌6 s，幅度比第一次拉伸要大，三个动作为一组，完成三组（图6-3）。

呼吸方式：拉伸时呼气，做等长收缩时吸气。

动作感觉：肱二头肌产生拉伸感。

（四）常见错误及纠正

1. 未进行小臂内旋，就抬动小臂向上

纠正：先进行小臂内旋再进行上抬。

2. 使用暴力、拉伸速度过快导致动作无法完成甚至出现运动拉伤的现象

纠正：拉伸过程匀速缓慢发力。

3.拉伸过程中没有与受训者进行沟通，自己凭感觉进行拉伸

纠正：同伴与受训者积极沟通，并询问拉伸的感受，如有严重疼痛感，应立即停止拉伸。

图6-3 肱二头肌拉伸

四、三角肌后束拉伸

（一）训练目的

提升肩部的灵活度、运动幅度和运动能力。提升肩部运动的爆发力，促进机体的快速恢复。预防肩部肌肉僵硬、产生肌肉结节，降低运动后抽筋或痉挛发生概率和肩峰撞击综合征的发生概论。

（二）准备姿势

选择平整、软硬适中的垫子或者平面，确保训练全高效。同伴站于受训者身体一侧，一只手推受训者肩胛部位，另一只手扶手受训者肘关节。

注意事项：受训者的身体不要产生旋转。

（三）动作过程

移动过程：同伴扶肘关节手用力向后，直到受训者三角肌后束产生拉伸感。受训者站好，身体静止不动，肘部靠近肩部，同伴均匀发力至受训者三角肌后束产生拉伸感，保持静态拉伸三角肌后束10 s；同伴固定好受训者的肘关节和肩胛位置，静止不动，受训者利用三角肌后束力量向前收缩做等长收缩 6 s，同伴再均匀发力至受训者拉伸三角肌后束6 s，幅度比第一次拉伸要大，三个动作为一组，完成三组（图6-4）。

呼吸方式：拉伸时呼气，做等长收缩时吸气。

动作感觉：三角肌后束产生拉伸感。

（四）常见错误及纠正

1. 拉伸过程中手臂过分离合或者外展

纠正：同伴及时纠正错误，受训者保持两臂距离与肩部同宽即可。

2. 使用暴力、拉伸速度过快导致动作无法完成甚至出现运动拉伤的现象

纠正：拉伸过程中匀速缓慢发力。

3. 拉伸过程中没有与受训者进行沟通，自己凭感觉进行拉伸

纠正：同伴与受训者积极沟通，并询问拉伸的感受，如有严重疼痛感，应立即停止拉伸。

图6-4　三角肌后束拉伸

五、三角肌前束拉伸

（一）训练目的

提升肩部的灵活度、运动幅度和运动能力。提升肩部运动的爆发力，促进机体的快速恢复。预防肩部肌肉僵硬、产生肌肉结节，降低运动后抽筋或痉挛发生概率和肩峰撞击综合征发生概率。

（二）准备姿势

选择平整、软硬适中的垫子或者平面，确保训练安全高效。两人前后站立，受训者坐于地面之上，同伴站在受训者身后，两手抓握其小臂部位。

（三）动作过程

移动过程：受训者坐好，身体静止不动，同伴向上轻微抬起受训者小臂，均匀发力至受训者三角肌前束产生拉伸感，保持静态拉伸三角肌前束10 s；同伴固定好受训者的小臂，静止不动，受训者利用三角肌前束力量向下收缩做等长收缩 6 s，同伴再均匀

发力至受训者拉伸三角肌前束6 s，幅度比第一次拉伸要大，三个动作为一组，完成三组（图6-5）。

呼吸方式：拉伸时呼气，做等长收缩时吸气。

动作感觉：三角肌前束产生拉伸感。

（四）常见错误及纠正

1. 拉伸过程中手臂过分离合或者外展

纠正：同伴及时纠正错误，受训者保持两臂距离与肩部同宽即可。

2. 使用暴力、拉伸速度过快导致动作无法完成甚至出现运动拉伤的现象

纠正：拉伸的过程中匀速缓慢发力。

3. 拉伸过程中没有与受训者进行沟通，自己凭感觉进行拉伸

纠正：同伴与受训者积极沟通，并询问拉伸的感受，如有严重疼痛感，应立即停止拉伸。

图6-5 三角肌前束拉伸

六、臀部拉伸

（一）训练目的

提升髋部的灵活度、运动幅度和运动能力。提升下肢运动的爆发力，促进机体的快速恢复。预防臀部肌肉僵硬、产生肌肉结节，降低运动后抽筋或痉挛发生概率，预防快速奔跑过程中臀部拉伤，增强髋关节稳定性。

（二）准备姿势

选择平整、软硬适中的垫子或者平面，确保训练安全高效。受训者仰卧于地面，一腿抬起，大小腿呈90°，进行内旋，同伴双腿分开跨跪于受训者一侧腿两侧的地面，

将其小腿部放于腰间,一只手扶其膝关节处用力向下按,另一只手扶其大腿部位稳定身体。

(三) 动作过程

移动过程:同伴通过自身重力下压受训者的膝盖位置但要均匀发力,让受训者臀大肌产生拉伸感,保持静态拉伸臀大肌10 s;同伴固定好受训者的膝盖位置和髋关节的稳定,静止不动,受训者利用臀大肌力量向上发力收缩做等长收缩 6 s,同伴再均匀发力至受训者拉伸臀大肌6 s,幅度比第一次拉伸要大,三个动作为一组,完成三组(图6-6)。

呼吸方式:拉伸时呼气,做等长收缩时吸气。

动作感觉:臀大肌产生拉伸感。

(四) 常见错误及纠正

1. 髋关节产生了旋转,导致臀大肌拉伸没有感觉

纠正:同伴及时纠正错误,受训者保持髋关节紧靠地面。

2. 使用暴力、拉伸速度过快导致动作无法完成甚至出现运动拉伤的现象

纠正:拉伸过程中匀速缓慢发力。

3. 拉伸过程中没有与受训者进行沟通,自己凭感觉进行拉伸

纠正:同伴与受训者积极沟通,并询问拉伸的感受,如有严重疼痛感,应立即停止拉伸。

图6-6 臀部拉伸

七、腘绳肌群拉伸

(一) 训练目的

提升髋部的灵活、运动幅度和运动能力。提升下肢运动的爆发力,促进机体的快

速恢复。预防大腿后侧肌肉僵硬、产生肌肉结节，降低运动后抽筋或痉挛发生概率，预防快速奔跑过程中大腿后侧的拉伤，增强髋关节稳定性。

（二）准备姿势

选择平整、软硬适中的垫子或者平面，确保训练安全高效。受训者仰卧于地面，同伴双腿分开跨跪于受训者一侧腿两侧的地面，受训者另一侧腿抬起，放于同伴的肩部，同伴扶住受训者抬起的大腿。

（三）动作过程

移动过程：同伴通过展髋向上移动，让受训者腘绳肌群产生拉伸感，保持静态拉伸腘绳肌群10 s，同伴固定好受训者的腿部位置，静止不动，受训者利用腘绳肌群力量向下发力收缩做等长收缩6 s，同伴再均匀发力至受训者拉伸腘绳肌群6 s，幅度比第一次拉伸要大，弯腿进行和屈腿进行都可以，直腿更注重下侧，屈腿更注重中上部，三个动作为一组，完成三组（图6-7）。

呼吸方式：拉伸时呼气，做等长收缩时吸气。

动作感觉：腘绳肌群产生拉伸感。

（四）常见错误及纠正

1.髋关节产生了旋转，另一侧腿离开地面，导致腘绳肌群拉伸没有感觉

纠正：同伴及时纠正错误，受训者保持髋关节、地面腿部紧靠地面。

2.使用暴力、拉伸速度过快导致动作无法完成甚至出现运动拉伤的现象

纠正：拉伸过程匀速缓慢发力。

3.拉伸过程中没有与受训者进行沟通，自己凭感觉进行拉伸

纠正：同伴与受训者积极沟通，并询问拉伸的感受，如有严重疼痛感，应立即停止拉伸。

（五）变式训练

腘绳肌拉伸也可以采取双人坐于地面，俯身向前，两手触碰或握在一起，进行互相拉伸。

图6-7 腘绳肌群拉伸

八、股四头肌拉伸

（一）训练目的

提升髋部的灵活度、运动幅度和运动能力。提升下肢运动的爆发力，促进机体的快速恢复。预防大腿前侧肌肉僵硬、产生肌肉结节，降低运动后抽筋或痉挛发生概率，增强膝关节稳定性。

（二）准备姿势

选择平整、软硬适中的垫子或者平面，确保训练安全高效。受训者俯卧于地面，一条腿大小腿折叠，同伴一只手抓其折叠小腿末端，另一只手抓握折叠大腿末端。

（三）动作过程

移动过程：同伴一只手抓握折叠大腿末端稍微上抬并保持不动，另一只手抓其折叠小腿末端，下压小腿位置，让受训者股四头肌产生拉伸感，保持静态拉伸股四头肌10 s；同伴固定好受训者大小腿的位置，静止不动，受训者利用股四头肌力量向上发力收缩做等长收缩6 s，同伴再均匀发力至受训者拉伸股四头肌6 s，幅度比第一次拉伸要大，三个动作为一组，完成三组（图6-8）。

呼吸方式：拉伸时呼气，做等长收缩时吸气。

动作感觉：股四头肌产生拉伸感。

（四）常见错误及纠正

1. 髋关节产生了旋转，拉伸过程中大腿外展，导致股四头肌拉伸没有感觉

纠正：同伴及时纠正错误，受训者保持大腿处于中立位置、髋关节紧靠地面。

2. 使用暴力、拉伸速度过快导致动作无法完成甚至出现运动拉伤的现象

纠正：拉伸过程中匀速缓慢发力。

3. 拉伸过程中没有与受训者进行沟通，自己凭感觉进行拉伸

纠正：同伴与受训者积极沟通，并询问拉伸的感受，如有严重疼痛感，应立即停止拉伸。

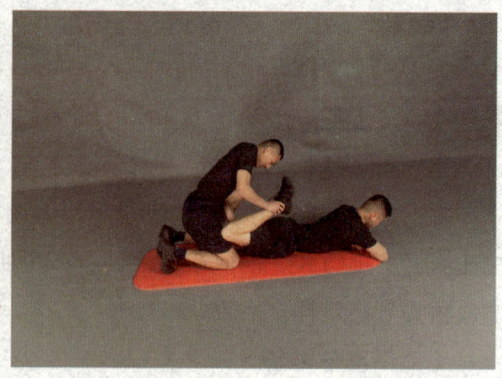

图6-8 股四头肌拉伸

九、腓肠肌拉伸

（一）训练目的

提升踝部的灵活度、运动幅度和运动能力。提升下肢运动的爆发力，促进机体的快速恢复。预防小腿部肌肉僵硬、产生肌肉结节，降低运动后抽筋或痉挛发生概率，预防快速奔跑过程中大腿后侧拉伤，增强髋关节稳定性。

（二）准备姿势

选择平整、软硬适中的垫子或者平面，确保训练安全高效。受训者仰卧于地面，同伴双腿分开，跨跪于受训者一侧大腿两侧的地面，受训者另一侧腿抬起，自然伸直，放于同伴的肩部，同伴跪于受训者的一侧，利用两手抓握脚尖。

（三）动作过程

移动过程：同伴两手抓握受训者脚尖用力向下压，直至至受训者腓肠肌产生拉伸感，保持静态拉伸腓肠肌10 s；同伴固定好受训者脚尖位置，静止不动，受训者利用腓肠肌力量向上发力收缩做等长收缩 6 s，同伴再均匀发力至受训者拉伸腓肠肌6 s，幅度比第一次拉伸要大，三个动作为一组，完成三组（图6-9）。

呼吸方式：拉伸时呼气，做等长收缩时吸气。

动作感觉：腓肠肌群产生拉伸感。

（四）常见错误及纠正

1. 膝关节弯曲，导致腓肠肌拉伸没有感觉

纠正：同伴及时纠正错误，保持膝关节伸直。

2. 使用暴力、拉伸速度过快导致动作无法完成甚至出现运动拉伤的现象

纠正：拉伸过程中匀速缓慢发力。

3.拉伸过程中没有与受训者进行沟通，自己凭感觉进行拉伸

纠正：同伴与受训者积极沟通，并询问拉伸的感受，如有严重疼痛感，应立即停止拉伸。

图6-9 腓肠肌拉伸

十、比目鱼肌拉伸

（一）训练目的

提升踝部的灵活度、运动幅度和运动能力。提升下肢运动的爆发能力，促进机体的快速恢复。预防小腿部肌肉僵硬、产生肌肉结节，降低运动后抽筋或痉挛发生概率，预防快速奔跑过程中大腿后侧拉伤，增强髋关节稳定性。

（二）准备姿势

选择平整、软硬适中的垫子或者平面，确保训练安全高效。两人相对站立，受训者仰卧于地面，同伴双腿分开，跨跪于受训者一侧腿两侧的地面受训者另一侧腿抬起，自然弯曲，放于同伴的肩部，同伴跪于受训者的一侧，利用两手抓握脚尖。

（三）动作过程

移动过程：同伴两手抓握脚尖用力向下压，直至受训者比目鱼肌产生拉伸感，保持静态拉伸比目鱼肌10 s；同伴固定好受训者脚尖位置，静止不动，受训者利用比目鱼肌力量向上发力收缩做等长收缩6 s，同伴再均匀发力至受训者拉伸长目鱼肌6 s，幅度比第一次拉伸要大，三个动作为一组，完成三组（图6-10）。

呼吸方式：拉伸时呼气，做等长收缩时吸气。

动作感觉：比目鱼肌群产生拉伸感。

（四）常见错误及纠正

1.膝关节处没有弯曲，导致比目鱼肌拉伸没有感觉

纠正：同伴及时纠正错误，受训者保持膝关节伸直。

2. 使用暴力、拉伸速度过快导致动作无法完成甚至出现运动拉伤的现象

纠正：拉伸过程中匀速缓慢发力。

3. 拉伸过程中没有与受训者进行沟通，自己凭感觉进行拉伸

纠正：同伴与受训者积极沟通，并询问拉伸的感受，如有严重疼痛感，应立即停止拉伸。

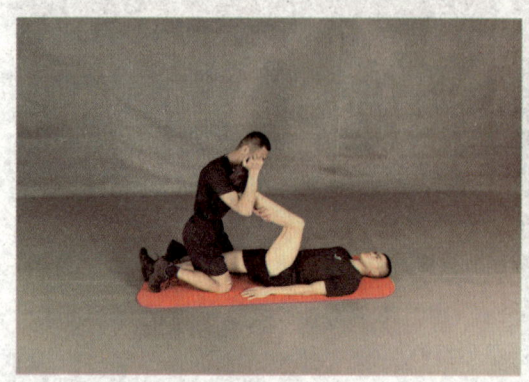

图6-10　比目鱼肌拉伸

十一、梨状肌拉伸

（一）训练目的

拉伸梨状肌，增强髋关节稳定性。

（二）准备姿势

双腿伸直坐在地面，一腿屈膝并跨过另一腿，被跨过的腿伸直平贴地面。

（三）动作过程

受训者一手撑地使身体稳定，屈肘抵住膝关节用力向外旋转，同伴用双手慢慢加压直到受训者梨状产生肌拉伸感（图6-11）。

（四）常见错误及纠正

屈膝角度不够，导致拉伸效果减弱。纠正：屈膝角度要小于45°，尽可能屈膝。

图6-11 梨状肌拉伸

十二、海豹式拉伸

（一）训练目的

拉伸腹部肌肉，放松腹部肌群。

（二）准备姿势

俯卧于地面，双手撑地，同伴将双手放于练习者肩部。

（三）动作过程

受训者双手推地撑起身体，同时同伴在其身后缓慢拉伸背部，使腹部有拉伸感（图6-12）。

（四）常见错误及纠正

同伴发力过多，容易造成腰部肌肉过于紧张。纠正：缓慢发力，使受训者腹部有拉伸感即可。

图6-12 海豹式拉伸

十三、髋部拉伸

（一）训练目的

拉伸髋部周围肌群，提高髋关节灵活性。

（二）准备姿势

受训者俯卧于地面，四肢着地，身体与地面平行，两腿分开，使大小腿呈90°，同伴扶起腰部。

（三）动作过程

同伴慢慢向受训者腰部施加压力，使受训者感受到髋部拉伸（图6-13）。

（四）常见错误及纠正

受训者屈膝程度不够90°，髋部拉伸效果一般。纠正：屈膝角度尽可能达到90°，并使髋部与地面平行。

图6-13 髋部拉伸

十四、内收肌拉伸

（一）训练目的

拉伸大腿内侧肌肉，放松相关筋膜。

（二）准备姿势

受训者坐于地面，两腿呈蝴蝶式，两脚跟相碰，同伴站于其身后，双手按压膝关节内侧。

（三）动作过程

同伴慢慢向受训者膝关节施加压力，直到其感受到拉伸感（图6-14）。

（四）常见错误及纠正

同伴加力过猛或过大，造成拉伤。纠正：注意缓慢发力，受训者有轻微拉伸感即可，不可用蛮力。

（五）变式训练

双人也可一人打开腿部，另一人用双脚抵住脚踝，缓慢拉伸。

图6-14　内收肌拉伸

十五、腰部拉伸

（一）训练目的

拉伸腰部竖脊肌、腰方肌等相关肌群。

（二）准备姿势

受训者平躺于地面，屈膝抬腿至一侧，同伴一只手推臀部另一只手扶肩膀。

（三）动作过程

同伴向受训者臀部施加推力，并使受训者肩膀尽可能不发生扭转，进而拉伸腰部（图6-15）。

（四）常见错误及纠正

受训者肩膀跟随臀部发力方向发生扭转，降低拉伸效果

纠正：受训者应尽力维持身体平躺于地面，同伴注意按压受训者肩部。

（五）变式训练

双人也可一人坐于地面，双手伸平向前，另一人对其上背部发力，拉伸腰部。

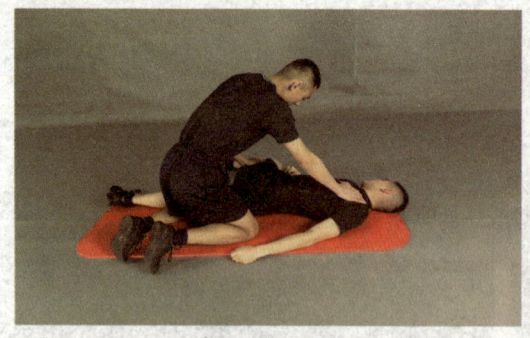

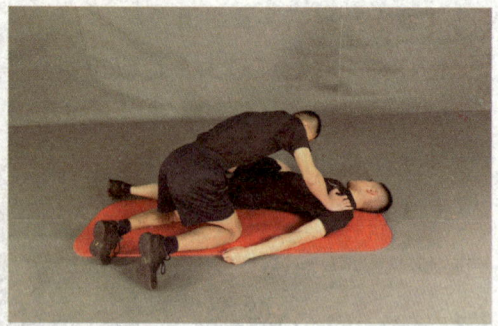

图6-15 腰部拉伸

十六、婴儿式拉伸

（一）训练目的
舒展、拉伸和放松后腰的肌肉。

（二）准备姿势
受训者跪坐在垫子上，双脚大拇指叠放在一起，双手轻轻放在大腿上，肩部打开，微微下压。同伴俯身双手扶肩膀。

（三）动作过程
呼气时，受训者双手移至身体两侧，上身自尾椎开始，一段一段往前方放松落下，直至腹部贴近大腿，胸部落在膝盖上，额头贴近地面，闭上双眼放松面部肌肉，放松身体，均匀呼吸，同伴向其肩部施加推力，使受训者感受腰部拉伸（图6-16）。

（四）常见错误及纠正
因臀部离地，让身体前倾，胸部落在垫子上，致使腰背部得不到应有的放松；颈部随着错误的体式上扬，变得紧致。纠正：受训者应尽力维持身体平躺于地面，同伴注意按压受训者肩部。

图6-16 婴儿式拉伸

十七、背阔肌拉伸

（一）训练目的

提升肩部的灵活度、运动幅度和运动能力。提升上肢运动的爆发力，促进机体的快速恢复。预防背部肌肉僵硬、产生肌肉结节，降低运动后抽筋或痉挛发生概率。

（二）准备姿势

选择平整、软硬适中的垫子或者平面，确保训练安全高效。受训者坐于地面，同伴站于受训者身后。

（三）动作过程

移动过程：受训者大小臂弯曲，同伴一只手扶其小臂部位用力向另一侧拉伸，另一只手扶其肩关节稳定身体，直到受训者背阔肌产生拉伸感（图6-17）。

呼吸方式：拉伸时呼气，做等长收缩时吸气。

动作感觉：背阔肌产生拉伸感。

（四）常见错误及纠正

1. 使用暴力、拉伸速度过快导致动作无法完成甚至出现运动拉伤的现象

纠正：拉伸过程中匀速缓慢发力。

2. 拉伸过程中没有与受训者进行沟通，自己凭感觉进行拉伸

纠正：同伴与受训者积极沟通，并询问拉伸的感受，如有严重疼痛感，应立即停止拉伸。

图6-17　背阔肌拉伸

参考文献

［1］田麦久.运动训练学［M］.北京：人民体育出版社，2017.
［2］孙世超.徒手体能训练理论与方法［M］.长春：吉林出版集团股份有限公司，2021.
［3］图德·O.邦帕.周期训练理论与方法［M］.北京：人民邮电出版社，2019.

附 录

附录一：常用身体素质训练方法

内容	类型	第一层次	第二层次	第三层次
力量训练	练习一：发展力量耐力 ①深蹲 ②负重弓箭步走 ③硬拉 ④卧推 ⑤挺举杠铃 ⑥高位下拉 ⑦哑铃单臂划船 ⑧坐姿划船 练习二：发展小肌群力量或增大肌肉体积 ⑨弹力带负重引体向上 ⑩哑铃手臂、肩部训练 ①深蹲 ②负重弓箭步走 ③硬拉 ④卧推 ⑤挺举杠铃 ⑥高位下拉 ⑦哑铃单臂划船	60% 12~15×3z R30s 60% 12~15×3z R30s 60% 12~15×3z R30s 60% 12~15×3z R30s 60% 12~15×3z R30s 60% 12~15×3z R30s 60% 12~15×3z R30s 60% 12~15×3z R30s 60% 12~15×3z R30s 60% 12~15×3z R30s 75% 6~12×3z R60s 75% 6~12×3z R60s 75% 6~12×3z R60s 75% 6~12×3z R60s 75% 6~12×3z R60s 75% 6~12×3z R60s 75% 6~12×3z R60s	60% 12~15×3z R30s 60% 12~15×3z R30s 60% 12~15×3z R30s 60% 12~15×3z R30s 60% 12~15×3z R30s 60% 12~15×3z R30s 60% 12~15×3z R30s 60% 12~15×3z R30s 60% 12~15×3z R30s 60% 12~15×3z R30s 70% 6~12×3z R60s 70% 6~12×3z R60s 70% 6~12×3z R60s 70% 6~12×3z R60s 70% 6~12×3z R60s 70% 6~12×3z R60s 70% 6~12×3z R60s	60% 12~15×3z R30s 60% 12~15×3z R30s 60% 12~15×3z R30s 60% 12~15×3z R30s 60% 12~15×3z R30s 60% 12~15×3z R30s 60% 12~15×3z R30s 60% 12~15×3z R30s 60% 12~15×3z R30s 60% 12~15×3z R30s 65% 6~12×3z R60s 65% 6~12×3z R60s 65% 6~12×3z R60s 65% 6~12×3z R60s 65% 6~12×3z R60s 65% 6~12×3z R60s 65% 6~12×3z R60s

续表

内容	第一层次	第二层次	第三层次
力量训练	⑧坐姿划船 75% 6~12×3z R60s	⑧坐姿划船 70% 6~12×3z R60s	⑧坐姿划船 65% 6~12×3z R60s
	⑨弹力带/负重引体向上 75% 6~12×3z R60s	⑨弹力带/负重引体向上 70% 6~12×3z R60s	⑨弹力带/负重引体向上 65% 6~12×3z R60s
	⑩哑铃手臂、肩部训练 75% 6~12×3z R60s	⑩哑铃手臂、肩部训练 70% 6~12×3z R60s	⑩哑铃手臂、肩部训练 65% 6~12×3z R60s
	练习三：发展速度力量	练习三：发展速度力量	练习三：发展速度力量
	①深蹲 85% 3~5×3z R90s	①深蹲 80% 3~5×3z R90s	①深蹲 75% 3~5×3z R90s
	②负重弓箭步走 85% 3~5×3z R90s	②负重弓箭步走 80% 3~5×3z R90s	②负重弓箭步走 75% 3~5×3z R90s
	③硬拉 85% 3~5×3z R90s	③硬拉 80% 3~5×3z R90s	③硬拉 75% 3~5×3z R90s
	④卧推 85% 3~5×3z R90s	④卧推 80% 3~5×3z R90s	④卧推 75% 3~5×3z R90s
	⑤挺举杠铃 85% 3~5×3z R90s	⑤挺举杠铃 80% 3~5×3z R90s	⑤挺举杠铃 75% 3~5×3z R90s
	⑥高位下拉 85% 3~5×3z R90s	⑥高位下拉 80% 3~5×3z R90s	⑥高位下拉 75% 3~5×3z R90s
	⑦哑铃单臂划船 85% 3~5×3z R90s	⑦哑铃单臂划船 80% 3~5×3z R90s	⑦哑铃单臂划船 75% 3~5×3z R90s
	⑧坐姿划船 85% 3~5×3z R90s	⑧坐姿划船 80% 3~5×3z R90s	⑧坐姿划船 75% 3~5×3z R90s
	⑨负重单杠引体向上 85% 3~5×3z R90s	⑨负重单杠引体向上 80% 3~5×3z R90s	⑨负重单杠引体向上 75% 3~5×3z R90s
	⑩哑铃手臂、肩部训练 85% 3~5×3z R90s	⑩哑铃手臂、肩部训练 80% 3~5×3z R90s	⑩哑铃手臂、肩部训练 75% 3~5×3z R90s
	练习四：发展最大力量	练习四：发展最大力量	练习四：发展最大力量
	①深蹲 95% 1~3×3z R180s	①深蹲 90% 1~3×3z R180s	①深蹲 85% 1~3×3z R180s
	②负重弓箭步走 95% 1~3×3z R180s	②负重弓箭步走 90% 1~3×3z R180s	②负重弓箭步走 85% 1~3×3z R180s
	③硬拉 95% 1~3×3z R180s	③硬拉 90% 1~3×3z R180s	③硬拉 85% 1~3×3z R180s
	④卧推 95% 1~3×3z R180s	④卧推 90% 1~3×3z R180s	④卧推 85% 1~3×3z R180s
	⑤挺举杠铃 95% 1~3×3z R180s	⑤挺举杠铃 90% 1~3×3z R180s	⑤挺举杠铃 85% 1~3×3z R180s
	⑥高位下拉 95% 1~3×3z R180s	⑥高位下拉 90% 1~3×3z R180s	⑥高位下拉 85% 1~3×3z R180s
	⑦哑铃单臂划船 95% 1~3×3z R180s	⑦哑铃单臂划船 90% 1~3×3z R180s	⑦哑铃单臂划船 85% 1~3×3z R180s
	⑧坐姿划船 95% 1~3×3z R180s	⑧坐姿划船 90% 1~3×3z R180s	⑧坐姿划船 85% 1~3×3z R180s
	⑨负重单杠引体向上 95% 1~3×3z R180s	⑨负重单杠引体向上 90% 1~3×3z R180s	⑨负重单杠引体向上 85% 1~3×3z R180s
	⑩哑铃手臂、肩部训练 95% 1~3×3z R180s	⑩哑铃手臂、肩部训练 90% 1~3×3z R180s	⑩哑铃手臂、肩部训练 85% 1~3×3z R180s

续表

内容	类型		
	第一层次	第二层次	第三层次
力量训练	练习五：核心力量训练	练习五：核心力量训练	练习五：核心力量训练
	①俯撑桥 120s×3z R60s	①俯撑桥 90s×3z R60s	①俯撑桥 60s×3z R60s
	②侧撑桥 120s×3z R60s	②侧撑桥 90s×3z R60s	②侧撑桥 60s×3z R60s
	③仰撑桥 120s×3z R60s	③仰撑桥 90s×3z R60s	③仰撑桥 60s×3z R60s
	④仰卧屈膝上抬 30×3z R60s	④仰卧屈膝上抬 25×3z R60s	④仰卧屈膝上抬 20×3z R60s
	⑤仰卧两头起 30×3z R60s	⑤仰卧两头起 25×3z R60s	⑤仰卧两头起 20×3z R60s
	⑥西西里卷腹 30×3z R60s	⑥西西里卷腹 25×3z R60s	⑥西西里卷腹 20×3z R60s
	⑦仰卧举腿 30×3z R60s	⑦仰卧举腿 25×3z R60s	⑦仰卧举腿 20×3z R60s
	⑧俯卧登山 30×3z R60s	⑧俯卧登山 25×3z R60s	⑧俯卧登山 20×3z R60s
	⑨俯卧开合跳 30×3z R60s	⑨俯卧开合跳 25×3z R60s	⑨俯卧开合跳 20×3z R60s
	⑩俯卧收腹跳 30×3z R60s	⑩俯卧收腹跳 25×3z R60s	⑩俯卧收腹跳 20×3z R60s
	⑪俯卧交替腿 30×3z R60s	⑪俯卧交替腿 25×3z R60s	⑪俯卧交替腿 20×3z R60s
	⑫背起 30×3z R60s	⑫背起 25×3z R60s	⑫背起 20×3z R60s
	⑬山羊挺身 30×3z R60s	⑬山羊挺身 25×3z R60s	⑬山羊挺身 20×3z R60s
	⑭负重躬身 30×3z R60s	⑭负重躬身 25×3z R60s	⑭负重躬身 20×3z R60s
	⑮负重侧屈 30×3z R60s	⑮负重侧屈 25×3z R60s	⑮负重侧屈 20×3z R60s
	⑯壶铃摇摆 30×3z R60s	⑯壶铃摇摆 25×3z R60s	⑯壶铃摇摆 20×3z R60s
	⑰爬腹摇肌轮 30×3z R60s	⑰爬腹摇肌轮 25×3z R60s	⑰爬腹摇肌轮 20×3z R60s
	⑱弹力带抗侧伸 25×3z R60s	⑱弹力带抗侧伸 20×3z R60s	⑱弹力带抗侧伸 15×3z R60s
	⑲弹力带抗侧屈 25×3z R60s	⑲弹力带抗侧屈 20×3z R60s	⑲弹力带抗侧屈 15×3z R60s
	⑳弹力带抗旋转 25×3z R60s	⑳弹力带抗旋转 20×3z R60s	⑳弹力带抗旋转 15×3z R60s

续表

内容	类型		
	第一层次	第二层次	第三层次
力量训练	练习六：功能性力量训练 ①飞力士棒 ②战绳 ③绳索药球 ④伽球 ⑤VIPR炮筒 ⑥弹力带 ⑦波速球 ⑧负重水袋 ⑨滑行盘 ⑩绳梯 ⑪跨栏架 ⑫壶铃 ⑬TRX悬吊训练绳 ⑭软榻 ⑮平衡板	练习六：功能性力量训练 ①飞力士棒 ②战绳 ③绳索药球 ④伽球 ⑤VIPR炮筒 ⑥弹力带 ⑦波速球 ⑧负重水袋 ⑨滑行盘 ⑩绳梯 ⑪跨栏架 ⑫壶铃 ⑬TRX悬吊训练绳 ⑭软榻 ⑮平衡板	练习六：功能性力量训练 ①飞力士棒 ②战绳 ③绳索药球 ④伽球 ⑤VIPR炮筒 ⑥弹力带 ⑦波速球 ⑧负重水袋 ⑨滑行盘 ⑩绳梯 ⑪跨栏架 ⑫壶铃 ⑬TRX悬吊训练绳 ⑭软榻 ⑮平衡板

续表

内容	类型		
	第一层次	第二层次	第三层次
速度训练	练习一：反应速度训练 ①起动跑：两手撑地，两腿成弓箭步，听到口令后迅速跑出，距离10~20米，练习3组，每组3次。 ②蹲踞式起跑：练习3组，每组3次。 ③变向起跑：背向蹲立，听信号后蹲踞式起跑，疾跑30米，练习3组，每组3次。 练习二：动作速度训练 ①快速力量练习：俯卧撑、两头起、背屈伸、双臂屈伸，20次/组，3组，要求快速完成。 ②摆臂练习：原地按节奏摆臂，可由慢—快—最快慢练习。要求严格按照短跑摆臂技术进行，注意动作节奏。 ③快速弓箭步交换跳：30次/组，3组。 ④快速俯卧撑接摆臂练习：先进行快速俯卧撑10次，然后迅速起立，两臂前后摆动50次，练习3组。 练习三：移动速度训练 ①跑的专门性练习：小步跑、高抬腿跑、后蹬跑、车轮跑、直腿跑，行进30米，每组3次，练习3组。 ②加速跑：上坡跑60米，每组3次，练习2组。 ③快速跑：站立式或半蹲式出发，全力跑30、60、80米，每组2次，练习3组。 ④变速跑：100米快跑、100米慢跑或200米快跑、200米慢跑，控制跑速，注意技术动作，每组6次，练习2组。 ⑤间歇跑：采用80%的强度做100~500米间歇跑，以心率恢复至120次/分为标志开始下一组训练。练习6~8次	练习一：反应速度训练 ①起动跑：两手撑地，两腿成弓箭步，听到口令后迅速跑出，距离10~20米，练习3组，每组3次。 ②蹲踞式起跑：练习3组，每组3次。 ③变向起跑：背向蹲立，听信号后蹲踞式起跑，疾跑30米，练习3组，每组3次。 练习二：动作速度训练 ①快速力量练习：俯卧撑、两头起、背屈伸、双臂屈伸，20次/组，3组，要求快速完成。 ②摆臂练习：原地按节奏摆臂，可由慢—快—最快慢练习。要求严格按照短跑摆臂技术进行，注意动作节奏。 ③快速弓箭步交换跳：30次/组，3组。 ④快速俯卧撑接摆臂练习：先进行快速俯卧撑10次，然后迅速起立，两臂前后摆动50次，练习3组。 练习三：移动速度训练 ①跑的专门性练习：小步跑、高抬腿跑、后蹬跑、车轮跑、直腿跑，行进30米，每组3次，练习3组。 ②加速跑：上坡跑60米，每组3次，练习2组。 ③快速跑：站立式或半蹲式出发，全力跑30、60、80米，每组2次，练习3组。 ④变速跑：100米快跑、100米慢跑或200米快跑、200米慢跑，控制跑速，注意技术动作，每组6次，练习2组。 ⑤间歇跑：采用80%的强度做100~500米间歇跑，以心率恢复至120次/分为标志开始下一组训练。练习6~8次	练习一：反应速度训练 ①起动跑：两手撑地，两腿成弓箭步，听到口令后迅速跑出，距离10~20米，练习3组，每组3次。 ②蹲踞式起跑：练习3组，每组3次。 ③变向起跑：背向蹲立，听信号后蹲踞式起跑，疾跑30米，练习3组，每组3次。 练习二：动作速度训练 ①快速力量练习：俯卧撑、两头起、背屈伸、双臂屈伸，10次/组，3组，要求快速完成。 ②摆臂练习：原地按节奏摆臂，可由慢—快—最快慢练习。要求严格按照短跑摆臂技术进行，注意动作节奏。 ③快速弓箭步交换跳：20次/组，3组。 ④快速俯卧撑接摆臂练习：先进行快速俯卧撑8次，然后迅速起立，两臂前后摆动30次，练习3组。 练习三：移动速度训练 ①跑的专门性练习：小步跑、高抬腿跑、后蹬跑、车轮跑、直腿跑，行进30米，每组2次，练习3组。 ②加速跑：上坡跑60米，每组2次，练习3组。 ③快速跑：站立式或半蹲式出发，全力跑30、60、80米，每组2次，练习3组。 ④变速跑：100米快跑、100米慢跑或200米快跑、200米慢跑，控制跑速，注意技术动作，每组6次，练习2组。 ⑤间歇跑：采用80%的强度做100~500米间歇跑，以心率恢复至120次/分为标志开始下一组训练。练习3~6次

续表

内容	类型		
	第一层次	第二层次	第三层次
耐力训练	练习一：有氧耐力训练 ①80%～90%的乳酸阈强度，心率120～150次/分，时间大于30min。②乳酸阈强度，心率150次/分左右，时间为30～45min。练习二：耐乳酸训练 ①102%乳酸阈强度，心率160次/分左右，时间大于10～30min。②104%乳酸阈强度，心率恢复至120次/分为标志开始下一组训练。练习6～8次。③强化间歇性训练：大运动强度，负荷时间40～90s，心率180次/分以上，以心率恢复至120次/分为标志开始下一组训练。练习6～8次。练习三：最大乳酸训练（高强性间歇）最大运动强度，负荷时间小于40s，心率190次/分以上，以心率恢复至120次/分为标志开始下一组训练。练习6～8次。练习四：无氧低乳酸训练 参考速度训练中的移动速度训练	练习一：有氧耐力训练 ①80%～90%的乳酸阈强度，心率120～150次/分，时间大于30min。②乳酸阈强度，心率150次/分左右，时间为30～45min。练习二：耐乳酸训练 ①102%乳酸阈强度，心率160次/分左右，时间大于10～30min。②104%乳酸阈强度，心率恢复至120次/分为标志开始下一组训练。练习6～8次。③强化间歇性训练：大运动强度，负荷时间40～90s，心率180次/分以上，以心率恢复至120次/分为标志开始下一组训练。练习6～8次。练习三：最大乳酸训练（高强性间歇）最大运动强度，负荷时间小于40s，心率190次/分以上，以心率恢复至120次/分为标志开始下一组训练。练习6～8次。练习四：无氧低乳酸训练 参考速度训练中的移动速度训练	练习一：有氧耐力训练 ①80%～90%的乳酸阈强度，心率120～150次/分，时间大于30min。②乳酸阈强度，心率150次/分左右，时间为30～45min。练习二：耐乳酸训练 ①102%乳酸阈强度，心率160次/分左右，时间大于10～30min。②104%乳酸阈强度，心率恢复至120次/分为标志开始下一组训练。练习6～8次。

续表

内容	类型		
	第一层次	第二层次	第三层次
柔韧(拉伸)训练	练习一：肩部 ①压肩：两人互压，要求手臂伸直。 ②拉肩：背对助木站立，两手正握肋木，抬头挺胸向前拉肩。要求肩部前挺，肩放松，幅度由小到大。 ③转肩：两手正握单杠，吊环收腹举腿，两腿从两臂间穿过，落下做屈体的后悬垂，还原做正悬垂。要求后悬垂时沉肩放松到极限。 ④吊肩：肋木、单杠、吊环悬垂。 练习二：胸部 ①仰卧背屈伸 ②虎伸腰：跪立，胸向下压。要求主动伸臂，挺胸下压。 ③面对墙站立，两臂上举扶墙，两腿与地面垂直，抬头挺胸，压胸。要求尽量让胸贴墙，幅度由小到大。 ④背对鞍马头站立，身体后仰，两臂向上、向后举起，两手握环。要求伸臂，顶肩拉肩，挺胸。 练习三：腰部练习 ①甩腰；②仰卧成桥；③体前屈。 练习四：腿部练习 ①开腿；②压腿；③踢腿；④端腿；⑤控腿。 练习五：踝关节和足背练习 受训者手扶肋木，用脚前掌站在凳子边上，利用体重向下压动，然后在踝关节弯曲角度最大时停留片刻，以拉长肌肉和韧带，反复练习。 受训者跪坐在垫子上，利用体重前后移动压足背，也可以将足尖部垫高，使足背悬空，做下压动作，这样强度更大一些。 受训者坐在垫子上，两腿并拢伸直，绷紧足尖并放置重物，压足背。 练习六（PNF拉伸） 练习七（泡沫轴放松） 练习八（筋膜球放松） 练习九（肌膜枪放松）		

续表

内容	类型		
	第一层次	第二层次	第三层次
灵敏训练	①T形跑 ②变向折返跑 ③绳梯跑 ④六角球反应训练 ⑤反应抓握立杆训练 ⑥十字象限跳 ⑦六边形跑 ⑧折线跑 ⑨滑步跑 ⑩十字变向跑	①T形跑 ②变向折返跑 ③绳梯跑 ④六角球反应训练 ⑤反应抓握立杆训练 ⑥十字象限跳 ⑦六边形跑 ⑧折线跑 ⑨滑步跑 ⑩十字变向跑	①T形跑 ②变向折返跑 ③绳梯跑 ④六角球反应训练 ⑤反应抓握立杆训练 ⑥十字象限跳 ⑦六边形跑 ⑧折线跑 ⑨滑步跑 ⑩十字变向跑

附录二：周训练计划安排举例

时间顺序	周一	周二	周三	周四	周五	周六	周日
类型	最大力量训练	力量耐力训练	快速力量训练	有氧训练	最大力量训练	力量耐力训练	
部位	腿部、胸部	上肢	腿部、胸部	全身	腿部、胸部	上肢	
内容	硬拉、深蹲、卧推	哑铃俯身飞鸟、坐姿肩上推举、哑铃前平举起、哑铃二头弯举、	硬拉、卧推	5千米	硬拉、深蹲、卧推	哑铃俯身飞鸟、坐姿肩上推举、哑铃前平举起、哑铃锤式弯举、	
强度	90kg、100kg、65kg	5~7.5kg、15~20kg、5kg、10~15kg、	70kg、55kg	5:30~5:00/千米	90kg、100kg、65kg	5~7.5kg、15~20kg、5kg、10~15kg、	休息
组数	5次	6次	6次	1次	5次	6次	
次数	5次	15~20次	12~15次	1次	5次	15~20次	
间歇时间	3分钟	2分钟	2分钟	无	3分钟	2分钟	
完成速度	慢	快到中等速度	中等速度	—	慢	快到中等速度	
供能系统	无氧（磷酸原）	有氧	无氧（糖酵解）	有氧	无氧（磷酸原）	有氧	
备注	分开训练	1~4连续训练	分开训练	—	分开训练	1~4连续训练	
辅助训练	平板支撑，2min/组，6组，间歇2min	平板侧支撑，1min/组（左右各1min），6组，间歇2min	弹力带仰卧屈膝收腹，20次/组，6组，间歇2min	平板支撑，2min/组，6组，间歇2min	弹力带仰卧交替屈膝收腹，40次/组，6组，间歇2min	平板侧支撑，1min/组（左右各1分钟），6组，间歇2min	

附录三：全书动作名称索引

第二章　全身24个动作

序号	初级	中级	高级
1	伙伴推动	俯卧互跳爬	弹力带阻力跑
2	穿扛行走	伙伴起立	双人平板波比跳
3	伙伴拖拽	平板支撑+侧向交替跳	双人深蹲抛球
4	背靠背深蹲	双人波比跳	正抱前行
5	背靠背上接传球	背靠背半蹲弹力带扩胸	正抱后行
6	背靠背左右传球	伙伴单手起立	较劲
7	左右侧滑步	胯下运球	倒立深蹲起
8		爬行俯卧撑	弹力带横向阻力跑
9		双手硬拉	

第三章　上肢40个动作

序号	初级	中级	高级
1	弹力带摆臂练习	仰卧起坐俯卧撑	伙伴推车爆发俯卧撑
2	弹力带侧平举	平板臂屈伸	叠加俯卧撑
3	弹力带前平举 阻力前平举	翻山俯卧撑	俯撑V字臂屈伸
4	弹力带飞鸟 阻力飞鸟	平行俯卧撑	倒立俯卧撑
5	弹力带二头弯举	伙伴小推车	俯卧撑交替伸手抬腿
6	弹力带锤式弯举	过顶推举	双人双臂俯卧撑
7	弹力带俯身划船	双人上俯下推	双人平台俯卧撑
8	弹力带直臂下压	双人单手击掌俯卧撑	仰卧臂屈伸
9	站姿弹力带推胸	双人前后移动俯卧撑	双人俯身划船
10	双人斜角俯卧撑	四点支撑俯卧撑	双人坐姿俯卧撑
11	双人跪姿击掌俯卧撑	直角支撑过顶推举	双人空中击掌俯卧撑
12	双人跪姿交替单手击掌俯卧撑		超强臂屈伸
13	双龙爬行		平板力量举
14			双人横向爆发移动俯卧撑

第四章　下肢59个动作

序号	初级	中级	高级
1	伙伴进退跑	反应分腿蹲	伙伴腘绳肌起 伙伴腘绳肌起2
2	跳山羊	双人分腿跳	屈身硬拉
3	双人平板跳	仰卧倒蹬	腹背硬拉
4	单手拉手深蹲 双手拉手深蹲	深蹲仰卧撑	穿扛负重弓箭步
5	深蹲前触地	深蹲跳击掌	穿扛负重蹬阶
6	跳跃交叉踢	肩负同伴深蹲起	弹力带收腹跳
7	背靠背静蹲	弹力带下蹲	弹力带高抬腿
8	弹力带俯卧腿外展	弹力带罗马尼亚硬拉	弹力带俯卧交替收腿
9	弹力带俯卧腿上抬	弹力带单腿硬拉	弹力带前后摆越跳
10	弹力带弓箭步走	弹力带侧卧上抬	弹力带前踢腿跑
11	弹力带坐姿伸膝	弹力带单腿直膝侧抬	弹力带原地A式跳跃
12	弹力俯身快速垫步跑	弹力带直腿上抬	弹力带原地B式跳跃
13	弹力带原地扒地	弹力带深蹲跳	弹力带原地C式跳跃
14	弹力带俯身半蹲前后跳	单腿站立推手	弹力带并脚前后跳
15	弹力带俯卧腿侧抬	侧跳单腿蹲	弹力带原地单腿跳
16	弹力带原地弓箭步下压		弹力带原地纵跳
17	臀桥扶膝跳		弹力带后踢腿跑
18	单腿弓箭步蹲		弹力带左右纵跳
19	弓箭步踢腿		
20	瑜伽球蹲坐		
21	交替弓箭步蹲		
22	拉手交替踢腿跳		
23	深蹲侧踢		
24	推拉弓箭步走		

第五章 核心62个动作

序号	初级	中级	高级
1	弹力带转体	四点支撑	双人平板变式
2	弹力带绕环	伙伴投掷腿	平板仰卧挺髋
3	仰卧腿部交叉绕环	反向卷腹蹲	平板V字收腹
4	仰卧起坐传球 仰卧起坐抛球	TRX平板开合	TRX单腿平板
5	双人侧向传球	TRX平板摇摆	双人单臂拉手平板撑
6	弓箭步抛球	TRX单腿收腹	双人单臂平板
7	横移对向传球	TRX平板收腹	仰卧V字击掌
8	TRX平板	双人腿部摇摆	仰卧起坐抛接球
9	双人平板穿梭	对脚仰卧挺髋	弹力带仰卧单腿交替收腹
10	直臂平板交替击掌	侧式转体卷腹	弹力带仰卧双腿收腹
11	半蹲交替伸手	弹力带抗屈伸	弹力带仰卧举腿
12	仰卧登山	弹力带抗侧屈	弹力带臀推
13	坐姿收腿	屈膝收腹左右伸展	正抱涮人
14	直臂平板支撑击掌	仰卧四点支撑换腿跳	反抱涮人
15	仰卧V字支撑	V字仰卧触脚拳击	V字仰卧脚传球
16	仰卧脚底触碰V字甩绳	瑜伽球屈臂支撑仰卧伸腿转体	俄罗斯转体接力
17	直臂支撑登山跑	坐姿转体接抛球	单腿蹲拉弹力带
18		双手交替触碰直臂撑	侧平板支撑身下传球
19		抬腿臂屈伸	双人斜角俯卧撑
20		俯卧交替放腿	伙伴单腿仰卧顶髋
21			单腿臂屈伸
22			仰卧四点支撑
23			抱腿卷腹
24			伙伴仰卧顶髋

第六章 被动拉伸17个动作

序号	拉伸动作		
1	胸大肌拉伸	10	比目鱼肌拉伸
2	肱三头肌拉伸	11	梨状肌拉伸
3	肱二头肌拉伸	12	海豹式拉伸
4	三角肌后束拉伸	13	髋部拉伸
5	三角肌前束拉伸	14	内收肌拉伸
6	臀部拉伸	15	腰部拉伸
7	腘绳肌群拉伸	16	婴儿式拉伸
8	股四头肌拉伸	17	背阔肌拉伸
9	腓肠肌拉伸		